AF449710

18 MESES DE AGONÍA

ExLibric

LUIS MARTÍN RUIZ

18 MESES DE AGONÍA

EXLIBRIC

ANTEQUERA 2020

LUIS MARTÍN RUIZ

18 MESES DE AGONÍA

*Con todo respeto y para todos aquellos que, como yo,
hicieron la mili después de la posguerra y que, por lo visto,
lo pasaron muy bien, pues van resucitando «su patriotismo»
y repitiendo año tras año su jura de bandera. Pero, al mismo
tiempo, estoy casi seguro de que muchas de estas personas, en
el caso de tener que defender a muerte a nuestra patria y a
nuestra bandera, ya no serían tan patriotas.*

1962. Por aquellos tiempos, la gran mayoría de los españoles seguíamos sufriendo y soportando las consecuencias de aquella guerra civil sangrienta y las secuelas de una enorme hambruna que destrozó el país y que, como todos los dictadores, el Caudillo, Franco, golpista y victorioso de aquella guerra civil fratricida, no pudo ni supo evitar. Por el contrario, estuvimos sumidos en una etapa oscura y triste que duró cuarenta años.

Miles de españoles se marchaban de este territorio persiguiendo otra calidad de vida y una tranquilidad política que no fuese la férrea dictadura fascista del dictador, la privación total de poder opinar y la facultad de expresarse libremente que imponían Franco y su corrillo. No se vislumbraban para los años venideros cambios democráticos, ya que el dictador se encargaría de atar y bien atar para que ninguno de los españolitos se descarriara hacia otras franjas políticas y ¡ay de aquel que osara discrepar públicamente de las consignas de este nefasto personaje! La gran esperanza de estos españoles y de otros cientos de miles era emigrar a unos países que en aquellos momentos estaban necesitados de mano de obra y cuyos horizontes de vida y libertades y derechos humanos eran tremendamente superiores y estaban salvaguardados por una democracia establecida a través de las urnas. El destino y la gran esperanza de estos españoles eran Alemania, Suiza, Francia, Australia y otros.

Entre estos españoles, Luis y Rafaela eran una pareja de novios que anhelaban marcharse y salir de aquella indigente mediocridad que existía por entonces en España y el cometido que se habían marcado era emigrar hacia Australia, país que ofrecía tierras, maquinaria y toda clase de facilidades para emprender una nueva vida como agricultor; además, necesitaban de otras clases de oficios y especialidades. Por lo visto, había que repoblar el país y afincar a nuevos agricultores y familias. Estas esperanzas se verían truncadas, pues la maldita mili hizo su aparición, todo se fue al traste y, por si esto fuera poco, durante los dieciocho meses de mi servicio militar, el Ejército me robó el salario que percibía en la empresa donde yo trabajaba.

Año 1962, diciembre. Ciudad de Málaga.

—Luis, ha llegado una carta certificada para ti. Al parecer es una carta del Ejército —me dijo mi madre. Por entonces, yo trabajaba en una fábrica de cartonajes y artes gráficas, y de mi pequeño salario vivíamos mi madre y yo.

—¡Arrea! A ver lo que quieren estos ahora, aunque ya me voy imaginando.

Abrí el mensaje:

Ministerio del Interior, Ejército de Tierra.

Por la presente, se le comunica que el sábado 23 de febrero de 1963 se tiene que presentar en el cuartel de Capuchinos de Málaga para incorporarse al servicio militar en el Regimiento de Infantería Aragón n.º 17 de Málaga.

Firmado por el coronel jefe de tal y tal

—¡Me cago en la leche! Vamos a ver si puedo arreglar esto.

Debido a mi carácter rebelde y contestatario, al leer esta misiva me embargó una mala leche de mil cojones imaginando los malos vientos que se me podían avecinar. De inmediato, me encaminé hacia el cuartel de Capuchinos, que no me quedaba muy lejos, y pregunté al centinela de la puerta con quién podía hablar referente a la mili, al servicio militar. Este me indicó unas oficinas en el interior y allí me dirigí.

Me atendió un teniente un poco apático:

—¿Qué desea usted?

—Mire, he recibido esta carta del Ejército y vengo a exponer que el único dinero que entra en mi casa es el que yo aporto y, si me tengo que incorporar a la mili, ¿de qué come mi madre?

Aquel teniente se me quedó mirando unos segundos, como ojeando el infinito.

—Mira, hijo, en tu misma situación se encuentran decenas de jóvenes, pero de la mili no se libra ni Dios y esa historia se la cuentas a otro con más rango que yo.

—¿Y si no me presento en la fecha en la que me han citado…?

—Ni se te ocurra: te considerarán desertor y las consecuencias serían muy graves para ti.

Con los ánimos por los suelos, salí del cuartel de Capuchinos cavilando sobre mi futuro.

—Mamá, ¿qué vas a hacer si me tengo que ir a la mili? ¿Cómo te vas a apañar sin mi salario? ¡Me cago en la leche, en este Franco y en su puñetero ejército!

—Luis, tendré que buscar algo para trabajar como limpiadora o lo que se presente mientras tú estés en el ejército.

—Bueno, de todas maneras, dentro de todo lo malo, hay algo que es bueno, pues haré el servicio militar aquí en Málaga. Peor hubiese sido que me mandaran a África y no pudiese venir frecuentemente a verte, porque a algunos los mandan a la otra punta de España y no aparecen por sus casas hasta que se licencian

Dieciocho meses de agonía

Campamento-cuartel Comandante Benítez. Regimiento Aragón 17.

Llegado el fatídico día 23 de febrero de 1963, me despedí de mi madre entre lloros y lágrimas que me pusieron el corazón en un puño, sin comprender aquella injusticia y sin saber qué sería de ella y cómo sobreviviría durante esos dieciocho meses que me esperaban en ese ejército. Entre un tumulto de jóvenes de mi misma edad que nos apiñábamos en aquel cuartel de Capuchinos de Málaga, unos riendo y otros con caras preocupadas, un mando militar con varios soldados que portaban unas listas iban nombrando al personal que allí nos encontrábamos.

—¡Luis Martín Ruiz! —me nombraron siguiendo aquellas listas.

—¡Aquí!

—¡A partir de ahora hay que contestar con la palabra presente! —me dijo el que portaba las listas con nuestros nombres.

—¡Pues vale! —respondí despectivamente.

—Aquí no queremos graciosos —me recriminó el militar, presumiendo que aquello me lo tomaba a cachondeo.

Llegado el momento, pasamos a una especie de enfermería y allí me midieron la estatura: un metro sesenta y ocho. Un médico me realizó un pequeño reconocimiento y nos entregaron a todos un petate (saco de lona muy fuerte donde se introducían todas las pertenencias y equipo militar), la ropa de salir, el mono de trabajo, la gorra, las botas y otras vituallas. En grupo y en formación militar, a pie y en columna de a tres, nos encaminaron hacia la estación de trenes. Una vez subidos y repletos los vagones de reclutas, se puso en marcha camino de la estación de Los Álamos y el campamento-cuartel de Benítez.

Llegando a la estación de Los Álamos, observé que transitábamos a través de cañaverales de azúcar, palmeras y grandes pinos piñoneros, una inmensa huerta y, al fondo y a nuestra izquierda, a unos ciento cincuenta metros, la alargada y ancha playa de Los Álamos, por supuesto, sin ninguna otra edificación que perturbara la tranquilidad de esa zona; hoy día está llena de chalés y edificios varios junto al mar. En estos cañaverales y esta huerta, me llamó la curiosidad el hecho de que estaban trabajando soldados con sus monos de trabajo, como si de labradores y gente de campo se tratara. Me dirigí a uno de los soldados que nos escoltaban y le pregunté:

—¡Oye! ¿Qué hacen aquellos soldados recogiendo cañas de azúcar y labrando esas huertas? ¿Estas tierras son propiedad del Ejército?

—Pues no, esas tierras tienen sus dueños y son de gente privada, pero recurren a los soldados para trabajarlas; el Ejército lo permite y esos soldados, de esta manera, se sacan algunas perras recogiendo cañas y hortalizas. El teniente coronel es un tío muy apañado y deja que algunos soldados trabajen para que se ganen un sueldecillo, pero esto se va a acabar porque hace unos pocos días que se ha hecho cargo del campamento un coronel de la legión y no quiere que nadie los trabaje. Además, este coronel es un amargado que nos está haciendo la vida imposible con tantas órdenes nuevas y disciplina —sentenció el soldado veterano en voz baja.

Una vez pasado ese comentario, comenzamos a descender y a formar en una especie de campo de fútbol de tierra y chinorros, delimitado con unas vetustas porterías. Junto a este, a su vez, se encontraba un área delimitada donde se entrenaban los ejercicios militares con vallas, escaleras, cuerdas y toda clase de trampas que había que sortear.

—¡Vamos, todos a formar! —gritó un mando, al parecer, el que llevaba el cotarro de aquel pelotón de reclutas desorganizados y medio desconcertados—. ¡Atención, reclutas! Vamos a ir nombrando por nombre y apellidos para designar a qué compañía van destinados cada uno de ustedes. Una vez terminado el recuento y destino, os dirigirán a la compañía correspondiente según se os haya establecido.
—Luis Martín Ruiz, a la segunda compañía —sentenció el soldado que estaba pasando lista.

Una vez terminado el recuento y el destino de las compañías, cada pelotón nos dirigimos hacia el interior del campamento-cuartel de Benítez y nos fuimos distribuyendo y concentrándonos en la entrada de cada compañía. El campamento Benítez estaba formado por seis compañías, cada cual albergaba a ciento y pico de soldados, quizás doscientos. La segunda compañía, que era a la que me habían asignado, se encontraba junto a las dependencias de las cocinas y el comedor general, al sur del campamento y a pocos metros del campo de fútbol y los pinares que se acercaban a la playa. Formados y frente a la entrada de la segunda (a partir de ahora, a la segunda compañía la nombraré como la segunda), volvieron a pasar lista ante la mirada de decenas de soldados veteranos, que se reían y entonaban canciones referentes a su pronta licencia y nosotros, los reclutas que llegábamos y los íbamos a sustituir.

—¡Reclutas, reclutas, dentro de diez días me dan la verde! —gritaban desaforados los veteranos.

—¡Atención, entrad en la compañía y se os asignará la litera correspondiente! ¡Dejad el petate y vuestras pertenencias y volved a formar a la entrada de la compañía para pasar al comedor! —Esta orden fue dada porque era la hora del almuerzo y no habíamos probado bocado desde que salimos del cuartel de Capuchinos.

Todos los reclutas estábamos en formación y, de esta manera, nos trasladaron a la entrada del comedor general: enorme, con grandes ventanales y unas mesas monumentales de granito pulimentado en las que cabían quince o veinte comensales en cada una. Los soldados veteranos, también en formación y a nuestra derecha, entre grandes risas y cánticos esperaban también entrar al comedor para tomar el almuerzo. De repente, observé una pequeña rebujiña entre los soldados más veteranos que estaban a mi derecha y poco a poco me fui informando de qué iba aquella pequeña algarada. Al parecer, reclutas y veteranos al mismo tiempo no cabíamos en el comedor, por lo tanto, algunos tendríamos que comer fuera. En esa ocasión, los mandos decidieron que fuesen los veteranos quienes almorzaran en los jardines y los reclutas en las mesas del comedor por aquello de que los reclutas veníamos de nuestras casas, donde estábamos mejor atendidos, y en ese primer día, por consideración, no íbamos a comer en el suelo. Esta orden de los mandos no satisfizo demasiado a los veteranos, puesto que se negaron a comer en los jardines. Ante la perpleja mirada y situación en la que nos encontrábamos los recién llegados, yo entre ellos, la cuestión desembocó en unas pequeñas discusiones entre los mandos de las diferentes compañías, pero allí ni se aclaraba ni tomaba decisiones nadie de quién tenía que almorzar dentro o fuera del inmenso y vetusto comedor. Entonces, apareció un comandante, que en ese momento estaba al frente del cuartel y que era el máximo responsable de todo aquello que aconteciera en el interior del campamento Benítez. Con decisión y autoridad, se encaramó a una de las ventanas del enorme comedor y gritó:

—¡Silencio! —Al minuto, todo quedó en silencio a la escucha de lo que aquel comandante de cuartel quería transmitir—. A ver, ¿qué cojones ocurre aquí? ¿Quién es el organizador de esta algarada?

El silencio discurrió durante ocho o nueve segundos y, de entre la formación de los soldados veteranos, se escuchó una voz:

—¡Mi comandante, es que los veteranos por nuestra antigüedad y el hecho de ser veteranos creo que tenemos más derecho que los reclutas a comer en el comedor!

—Vaya, por fin da la cara un valiente —refunfuñó el comandante—. ¿Por qué no te acercas, soldado?

Aquel soldado se adelantó a la formación y se plantó delante de aquel comandante sin imaginar la que se le venía encima. Todo el mundo estaba muy pendiente del desenlace de aquella situación tan rocambolesca. Aquel pobre soldado comenzó a explicarle su razonamiento al comandante y, ante el asombro de todos, reclutas y veteranos, presenciamos incrédulos como, sin dejarle terminar de hablar, le arreó un puñetazo en pleno rostro que lo lanzó al suelo y lo dejó sin conocimiento. Todos los presentes observamos como el soldado tumbado en el suelo se convulsionaba espasmódicamente debido a la cobarde acometida de aquel comandante canalla. Ante todas las miradas atónitas, retiraron a aquel soldado en estado de inconsciencia y lo llevaron a la enfermería; más adelante, llegó una ambulancia que lo trasladó al Hospital Militar de Málaga. No tuve más noticia de ese pobre soldado ni de cuál fue su recuperación, si es que la tuvo.

A continuación, y después de varios minutos petrificados por la escena vivida, cagados de miedo y en silencio, todos los reclutas pasamos al comedor y los veteranos almorzaron en los jardines sin atreverse a organizar ninguna protesta más. Aquella primera visión tan impactante, cobarde y canallesca se me ha quedado grabada en la mente durante toda mi vida, como otras vividas más adelante a lo largo de los dieciocho meses de esa desafortunada e inútil mili franquista.

Tengo que reseñar que, al parecer, por el hecho de que el nuevo coronel fuese un tipo duro con los débiles, cobarde y sin entrañas, la mayoría de los jefes y mandos del campamento Benítez habían seguido su actitud agresiva y violenta, pues él no entendía de jefes ni mandos y, si tenía que putear a los oficiales, los puteaba sin ningún miramiento. Para él, todos éramos unos desgraciados. De esta manera, los oficiales y los jefes pagaban los platos rotos con la tropa, o sea, nosotros; allí no se salvaba nadie de la ira, la amargura y la mala leche de ese siniestro y triste personaje. A partir de aquí, comenzó para mí una primera etapa un tanto desconcertante e insegura: tendría que reconsiderar mi carácter rebelde y tener mucho más cuidado con mi actitud y mi manera de expresarme, al menos ante los oficiales y jefes militares.

En los primeros días de mi estancia en el campamento Benítez, pasamos a la *furrielería*, lugar o departamento de la compañía donde se guardaban los enseres militares, el armamento y otros trastos, y cuyo encargado era un cabo (cabo furriel) que, entre otras cosas, también se hacía cargo de designar las guardias y servicios de los soldados, las imaginarias (vigilancia de la entrada a la compañía) y otras actividades. Allí se nos entregó algunos pertrechos más y se nos asignó el arma reglamentaria, que consistía en un fusil Mauser, misma arma que usaron los alemanes en la Segunda Guerra Mundial. Se nos advirtió que cuando no estuviésemos usándola había que depositarla diariamente en la *furrielería* y ¡ay de aquel que perdiera o deteriorara ese fusil de asalto!

De inmediato, también se nos adjudicó el camastro litera que nos correspondía a cada uno y también la ropa de cama, la almohada, dos sábanas y una manta. Las literas eran de dos camas, inferior y superior; yo escogí, de acuerdo con el compañero al que le tocó la misma, la parte de arriba, que me pareció la más idónea. Por encima de las literas estaban las taquillas correspondientes a cada una, de las cuales se nos entregó una llave. Eran unas taquillas donde se colocaban los utensilios personales como las camisas, las botas, los pantalones, etc.

Nos reunieron a todos frente a la compañía y nos indicaron el programa nada atractivo que nos esperaba.

Segunda compañía: su ubicación y dotación humana

El campamento Benítez consistía en una gran extensión rectangular de terreno de cara al mar y en cuya área se situaban seis descomunales edificaciones o compañías de una sola planta, donde se albergaban alrededor de doscientos soldados en cada una de ellas y en su conjunto un total de mil y pico militares. Las compañías formaban un rectángulo y en el centro, una gran plaza empedrada. Además de esas seis, se encontraban los edificios del cuerpo de guardia, de las cuadras y las caballerizas, la cantina, el bar de oficiales, el enorme comedor, la enfermería y las cocinas. Desde el cuerpo de guardia, salía una zona ajardinada que llegaba hasta la entrada principal del campamento Benítez llamada Torreones, que se denominaba así porque se asemejaba a la entrada de un castillo de la Edad Media con su gran puerta de madera flanqueada a ambos lados con dos torres de piedra y que se encontraba al pie de la mismísima carretera de Cádiz.

La dotación humana de la segunda compañía la componían el capitán don Julián Pontón, varios tenientes, un brigada, dos alférez, cuatro sargentos y varios cabos de primera y rasos. El capitán don Julián Pontón era un personaje muy bajito, con bigote y los pómulos enrojecidos de beber mucho güisqui; un cabrón con mucha mala leche que quería tener a la compañía como si fuésemos de las Fuerzas Especiales. Pero el teniente Romera era el más cabrón, petulante y chulo de toda la compañía: habitaba en una vivienda en el propio campamento y su mujer, una morena altísima y de buen ver que se paseaba todas las tardes por una zona ajardinada, ataviada con una gran pamela y siendo objeto de la mirada de decenas de soldados que observaban con admiración a aquella señora; yo creo que estas caminatas las realizaba intencionadamente para darse mucho postín y poner caliente a la tropa. El teniente Báez, un cabroncete bastante joven, se las daba de llevar a rajatabla todos los formalismos, máximas y conceptos del buen militar de aquella época sin llegar a razonar si esto o aquello era juicioso o no, o sea, ordenaba y mandaba estuviese bien o mal. El teniente Vita, alto, acartonado y bastante joven, se caracterizaba por un tic nervioso de su cara que no lo dejaba tranquilo en ningún momento; era hombre que ni fu ni fa: él iba a lo suyo y no se metía con nadie. Lo mismo ocurría con el teniente Ballesteros, rechoncho, bajito y bastante mayor; yo creo que estaría a punto de abandonar el Ejército, ya que tampoco se metía con nadie si no le buscaban problemas. Por último, estaba el teniente Gonzálvez, de estatura normal, pelo rubio, cuerpo atlético, pero loco como una cabra, loco de verdad (esquizofrenia), quien seguía en el Ejército porque su padre era un alto cargo de las Fuerzas Armadas; el hombre no constituía ningún peligro ni se metía con nadie, excepto en una ocasión que describiré más adelante.

Del brigada, los dos alférez y varios sargentos no recuerdo sus nombres ni apellidos, ya que no intervinieron demasiado en mi dura vida cuartelaría. Sí, en cambio, el cabo Primero Patxicoa, hijo de militares, degradado varias veces por su rebeldía y su perversa conducta y castigado por su progenitor, un teniente general, a continuar en el Ejército año tras año sin facultad de ascender hasta que se regenerara. Casualmente, y no sé por qué ni cuándo, se hizo amigo mío, aunque no dejaba de ser un hijo de puta sin entrañas. Por otro lado, estaba el cabo primero Mendoño Matamala, un mamarracho grandote y gordo que quería imponer su disciplina y que solo conseguía que todo el mundo se mofara de sus chorradas; no sabía imponer orden y siempre estaba en el limbo y atontado. De los demás jefes, oficiales y suboficiales no recuerdo nada que fuese digno de reseñar, puesto que no tuve mucho contacto con estos personajes a pesar de que eran integrantes de la segunda; quizás fuera porque querían pasar desapercibidos y no complicarse la vida en un cuartel que tenía muchos conflictos y antagonismos.

El comienzo de una odisea

Durante los primeros días de mi incorporación al campamento Comandante Benítez, Regimiento de Infantería Aragón n.º 17, y a mi segunda compañía, estuve reflexionando cómo encauzar mi proceder y mi forma de comportarme durante aquellos dieciocho meses que me esperaban para que ese tiempo transitara lo más sosegado posible, sin muchos problemas ni enredos. En esos primeros días, como también sucede en la actualidad en algunos institutos y universidades, las novatadas estaban a la orden del día y a la mayoría de los infortunados reclutas los soldados veteranos les gastaban unas bromas denigrantes y vejatorias: desde en plena noche levantarlos de la cama en calzoncillos y entre unos pocos meterlos debajo de las duchas frías sin compasión alguna o sujetarlos entre cuatro o cinco, desnudarlos e introducirles los testículos en un barreño helado durante un buen rato.

En plena noche, y cuando estaba en completo sueño, sentí que me zarandeaban y me llamaban. Me desperté sobresaltado y me encontré entonces rodeado de tres o cuatro soldados veteranos que me apremiaban de muy mala uva para que me levantara de la cama. Uno de aquellos portaba en sus manos un correaje con el cual golpeaba amenazante la litera de hierro.

—¿Qué pasa, qué pasa? —pregunté.

—¡Que te levantes, coño! —gritó el de la correa de cuero con cara de mala leche.

De inmediato me percaté de la situación, pero no me puse nervioso porque, a pesar de ser un novato, tenía un cabreo permanente por estar en un lugar obligado y que yo consideraba una afrenta hacia mi persona por las consecuencias negativas que me había acarreado en esa etapa de mi vida. En varios momentos de mi existencia no he sabido o no he querido leer la situación en que me he encontrado y he despreciado el peligro aún sabiendo que me adentraba en un lodazal y que podía salir mal parado. A veces mi orgullo ha podido más que la razón y la cabeza.

—¡Coño, que no me levanto porque no me sale de los cojones! —De un salto me puse de pie encima de mi camastro superior esperando cualquier maniobra de aquellos veteranos.

No queriendo quebrantar la autoridad que les proporcionaba el ser unos soldados veteranos y yo un pardillo, el que portaba el correaje intentó subir al camastro, pero no llegó a subir porque lo recibí con una patada en el pecho que lo tiró al suelo. Aquello tuvo que dolerle, pues antes de caer chocó con la litera de enfrente golpeándose las costillas y la cabeza. Otros dos quisieron subir, heridos en su amor propio, y los recibí también a patadas. Durante la refriega, a gritos, yo me cagaba en todos sus muertos y en sus putas madres, armándose un gran alboroto dentro de la compañía. Pasados unos cuarenta o cincuenta segundos de forcejeos, patadas y puñetazos, se encendieron las luces y apareció un cabo primero de apellido Patxicoa (por lo visto, apellido vasco), enjuto y demacrado, al cual yo no tenía el gusto de conocer. Era la primera vez que reparaba en este cabo primero. Patxicoa venía acompañado del soldado centinela imaginaria (soldado encargado de vigilar la puerta de entrada a la compañía por las noches).

—¿¡Qué cojones pasa aquí!? —gritó Patxicoa. Los soldados veteranos que pretendían gastarme la ruin novatada se habían quitado de en medio, pues sabían de la mala fama de este cabo primero. Lo miré y me encogí de hombros no queriendo acusar a los que habían pretendido humillarme. Patxicoa se dirigió al guardia de puerta—. ¡Tú, cabrón! ¿Qué ha pasado aquí? ¿A qué ha venido tanto jaleo a estas horas de la noche? ¿Para eso estás de guardia en la compañía?

Al parecer, a este cabo primero le gustaban poco las bromas y las novatadas: allí el que daba las hostias era solo él y nadie más.

—Mi primero, no sé lo que ha pasado. Yo estaba de vigilancia en la entrada de la compañía cuando escuché el follón y los gritos. Entonces, he encendido la luz, pero aquí no había nadie, solo este recluta de pie subido en su litera y todo el mundo despierto.

—¡Venga, todo el mundo a la cama! —gritó el cabo primero Patxicoa—. Y tú, soldado, ¿cómo te llamas? —me preguntó mirándome fijamente con una cara de pocos amigos.

—¡Luis Martín Ruiz! —contesté con descaro sin saber que me la podía jugar con aquel cabo primero.

—Vale, Martín, mañana hablaremos y ya me dirás qué es lo que ha pasado aquí, que me habéis despertado con tanto escándalo y también a toda la compañía.

Me encogí de hombros haciéndome el incauto y me tendí en la litera para continuar durmiendo, también reflexionando sobre lo que había ocurrido, pero con gran satisfacción de que aquellos capullos veteranos se acordarían de que conmigo no se podía jugar por muy recluta y novato que yo fuese. A la mañana siguiente no ocurrió nada, pues el cabo primero no me requirió para nada y todo lo de aquella noche, de momento, permaneció olvidado.

También en estos primeros días, y después de recibir unas cuantas lecciones intensivas sobre todo el conjunto de piezas que componían el mosquetón fusil Mauser, muy tempranito nos encaminaron hacia un campo de tiro junto a la playa para así iniciarnos en el aprendizaje del tiro con fusil. Llegados al lugar, nos dieron una pequeña lección de cómo había que posicionarse para realizar un buen disparo sobre un blanco establecido. Allí se armó la marimorena, pues los disparos auténticos resonaban caprichosamente con unos estruendos ensordecedores y allí nos habían reunidos a varias compañías: todas ellas disparaban al mismo tiempo, aunque en sectores diferentes; total, un desastre. A mi compañía, la segunda, había ido a parar Pepito, un muchacho de mi barrio que tenía una discapacidad mental y al que, sin embargo, se habían llevado al servicio militar sin tenerla en cuenta. A este Pepito también le entregaron su fusil.

—Mi sargento, ¿cómo se le da un fusil a Pepito si este chico está un poco ido? Yo lo conozco de mi barrio y no está bien de la cabeza —le dije al sargento que estaba a nuestro cargo.

—A mí no me han informado de nada, de modo que a disparar todo el mundo. ¡Venga, a disparar! —ordenó.

Pepito cogió su fusil y lo miró, encantado de poder manejar aquel mosquetón que jamás hubiese pensado tener entre sus manos. Apuntó al blanco desde la «posición idónea de a pie» y ¡pum!, el fusil Mauser cumplió su cometido y, con su gran retroceso, lanzó a Pepito de un zarpazo de culo al suelo, golpeándose al mismo tiempo con la culata en el pómulo derecho, lo que le hizo un gran hematoma. El disparo no salió hacia el frente de donde se encontraba el blanco, por el contrario, se dirigió hacia arriba, hacia el cielo, con el consiguiente peligro de alcanzar a algunos soldados que nos encontrábamos cerca del malparado. De repente, apareció un teniente y arrebató el Mauser a Pepito.

—¿Quién ha sido el energúmeno que le ha dado el mosquetón a este inútil? —vociferó aquel furioso e irascible teniente.

Seguimos disparando el resto de los soldados de nuestra compañía y, una vez terminado el ejercicio, volvimos a la segunda compañía y los entregamos en la *furrielería*. Poco rato después, estuvimos comentando esta incidencia del campo de tiro.

Buscándome la vida

En estos primeros comienzos me replanteé de qué forma podía ganarme algunas pesetillas y así saqué tajada de una circunstancia de la cual me supe aprovechar para hacerme de algún dinerillo a costa de los demás soldados. Las gorras de paseo que nos entregaron venían desmontadas, de modo que había que coserlas y darle su forma: su visera, su forro y su refuerzo de cartón. A mí se me daba bien la aguja y el hilo y, por lo tanto, comencé a hacer arreglos a mucha gente que no tenía ni puñetera idea de hacer aquel trabajo. En cada arreglo de gorra me ganaba unas quince o veinte pesetas, que para aquel tiempo era un buen dinerillo. Por otra parte, ocurría que los reclutas se robaban las gorras unos a otros, pues no sé qué pasaba que al parecer se perdieron algunas y, cuando todas las compañías estaban pasando listas, formados y firmes delante de cada edificio, venían soldados de otros barracones y por detrás de las últimas columnas les arrebataban las gorras a estos. Así estuvimos durante varios días, todos pendientes de que no nos robaran las gorras hasta que se calmó la cosa.

También me dediqué al oficio de barbero y comencé a pelar a algunos soldados; no se me daba nada mal. Esto lo inicié porque en la barbería oficial del campamento habían dos o tres soldados que eran barberos en sus respectivos pueblos y tenían que pelar a la tropa sin cobrar nada, pero entre ellos habían formado una pequeña mafia y a aquel que no les entregaba algún dinero lo iban dejando de lado y lo pelaban cuando a ellos les venía en gana. Estos al final se llegaban para que yo los pelara, costándole más barato que en la barbería oficial. Por tanto, con estas dos cosillas, iba tirando las primeras semanas, pero esto para mí no era nada definitivo y al poco dejé esos trabajillos.

Al mismo tiempo solicité el pase pernocta, con el cual podría dormir todos los días en mi casa y por la mañana presentarme al toque de diana para pasar lista excepto en aquellos días en que tuviese algún servicio en la segunda compañía. No obstante, tuve la mala suerte de que no le caí muy bien al cabo encargado de la *furrielería* y aquel capullo la tomó conmigo: un día sí y otro también me asignaba o una guardia o una imaginaria o un retén o lo que le venía en gana con tal de tenerme ocupado a todas horas; a otros que le caían bien no les asignaba nada, o sea, estaban rebajados de todo trabajo. Esta situación cada vez me estaba poniendo más furioso y en un momento determinado reventé: me dirigí a la *furrielería* y me fui derecho hacia el cabo furriel.

—¡Oye, tú! ¿Qué te pasa conmigo que no paras de ponerme guardias y toda clase de servicios sin darme ningún descanso? ¿Es que no hay más gente en esta compañía? Pues que sepas que somos casi doscientos.

—Esto es lo que hay, esto va por lista y, si te toca, te tocó —me dijo aquel cabroncete con talante irónico.

Cabreado con aquel individuo, me fui hacia él y le arreé un sopapo en la cara con la mano abierta. El cabo furriel se tambaleó, hizo intención de atacarme sin mucha convicción y le arreé otro que lo sentó de culo. Aquí se acabó esta historia: desde ese momento no me puso ni una guardia más. Más tarde, me enteré de que este cabo furriel era mariquita (hoy se les llama gais) y al parecer tenía una camarilla a su alrededor que se favorecían de él con las prebendas de no hacer ningún servicio.

Unos días más tarde me presenté para hacer un cursillo de cabo el cual aprobé, creyendo que al serlo las cosas vendrían mejor.

Todo se me trastoca y mi vida en la mili se vuelve cada vez más penosa

Dentro de aquellas primeras semanas ocurrió un suceso en el cual me vi involucrado negativamente y que trastocó mi vida para el resto de los dieciocho meses de servicio militar.

Al despuntar el día, resuena la corneta en todo el campamento Benítez con aquel peculiar sonido tan característico y con aquella letrilla tan conocida: «Quinto, levanta, tira de la manta…». Todos los soldados de la segunda y todos los militares del Regimiento Aragón 17 salían a las puertas de sus correspondientes pabellones para pasar lista. Listillo de mí, ese día me quedé acostado y no salí a pasarla. A los diez minutos, apareció junto a mi camastro el vigilante soldado de la puerta.

—¡Oye, Martín! El teniente Báez dice que te levantes y salgas porque está pasando lista y tú faltas en la formación.

—Dile que estoy muy enfermo, que estoy muy resfriado y que tengo fiebre.

—Esto no le va a gustar mucho al teniente —me contestó el soldado.

A los dos minutos, volvió el soldado de puerta y me dijo con energía:

—Dice el teniente que si no sales te saca a hostias de la compañía.

No tuve más remedio que levantarme, vestirme y presentarme ante el teniente delante de toda la compañía.

—¿Tú qué te imaginas, que eres el señorito del regimiento? ¿Qué pasa, que para ti la disciplina es un cachondeo?

—Mi teniente, es que estoy enfermo. Estoy muy resfriado y tengo mucha fiebre, —le dije.

—Mira, gilipollas, aquí cuando uno está enfermo de verdad se llega a la enfermería para que le receten y le den de baja rebajándolo de servicio. ¿Por qué no has ido en lugar de quedarte acostado haciendo el vago?

—Lo siento, pero yo no sabía que tenía que ir a la enfermería, mi teniente —le contesté encogiéndome de hombros.

—Bueno, pues ya sabe que pasaré un informe a los superiores para que se le castigue de alguna forma por indisciplina. Ahora, incorpórese a la formación.

Efectivamente, a los dos o tres días me llamaron para que fuese al despacho de la compañía y me presentara ante el teniente Romera, el cabrón mayor de la compañía.

—¡A la orden, mi teniente!

—Aquí tengo un informe por indisciplina y por ello le castigo a realizar una semana de retén en el horario de dos a cuatro de la madrugada —me ordenó aquel teniente.

Como se puede suponer, la hora que me asignó para realizar la guardia del retén era la peor que se me podía poner. El retén radicaba en hacer el recorrido de ir relevando a cada uno de los soldados que estaban haciendo guardia en las distintas localizaciones y garitas del campamento. De este modo, no tuve más remedio que acatar la orden y pasarme toda la semana casi sin dormir porque a las dos de la noche tenía que estar en pie para llevar al grupo de soldados a relevar a los que habían terminado su guardia. En algún momento, alguien que estaba al tanto del Código Militar, sabiendo el castigo que me habían impuesto, me comentó:

—Martín, que sepas que no te pueden castigar a realizar un servicio de armas: solo te pueden castigar a la prevención o al calabozo, pero no para hacer un servicio de armas y, por supuesto, el retén es un servicio de armas porque se llevan los fusiles.

Este comentario se lo estuve contando a «mi amigo», el cabo primero Patxicoa, ya que este sabía de aquella norma del Código Militar y para ver qué opinaba, porque, si eso era así, yo podría hacer un escrito de descargo revocando el castigo.

—Martín, yo que tú no movería ni un dedo: aquí hay muy mala leche y podrías salir perdiendo. Deja la cosa como está, que podrían señalarte durante toda la mili —sentenció Patxicoa.

Dejé transcurrir la semana acudiendo todos los días al retén de dos a cuatro de la madrugada, pero, como a veces me pasaba de listo, el último día de castigo de retén, que era el domingo, se me ocurrió la idea de desplazarme a Málaga para ver a mi novia y también dormir en mi casa. Para ello, tendría que poner a otro cabo en mi puesto para realizar el servicio y así lo hice: contacté con un compañero de la compañía y le propuse el tema; este aceptó hacer el retén en mi puesto.

—Oye, Martín, si pasa algo, que sepas que yo no sé nada de que el retén es un castigo que te han puesto, vaya a ser que me líes y me castiguen a mí también.

—No te preocupes, que si algo ocurre no diré nada, tú puedes estar tranquilo que no habrá ningún lío —le contesté.

Así, el domingo me marché a Málaga para ver a la novia, dormir en casa con mi madre y por la mañana regresar al campamento sin esperar ni intuir lo que se me avecinaba. Al parecer, nunca se había llevado a cabo una intervención tan inusitada e insólita: sobre las seis de la madrugada del domingo, se presentaron en mi casa dos soldados con sus respectivos fusiles preguntando por el cabo Luis Martín Ruiz para escoltarme de vuelta al Campamento por orden del teniente Romera. Los soldados golpearon la puerta de mi casa, se presentaron como soldados del campamento Benítez y me obligaron a acompañarlos. Al mismo tiempo, mi madre, muy alarmada, asustada y llorando, observaba aquella escena irreal intuyendo que algo malo me iba a ocurrir.

—¡Por favor, no le hagáis nada! ¡Por favor, no le castiguéis! —rogaba a los soldados que me llevaban.

—Señora, no se preocupe usted, que no le va a pasar nada —la calmaba uno de los soldados.

—No te preocupes, mamá, que no me pasará nada, ya se arreglará todo este lío; pero haz el favor de llamar a mi novia y le cuentas lo que pasa porque seguramente no nos veremos durante algún tiempo.

Trasladado al campamento Benítez en un Jeep del ejército y de la policía militar, me condujeron sin perder ni un minuto ante el gigantón y barrigudo teniente Romera.

—Chaval, la has cagado: tú tenías que estar haciendo la guardia de retén y no en tu casa. ¿Por qué has metido a otro cabo en tus líos para que te haga el trabajo?

—Yo no he liado a nadie, mi teniente, porque ese cabo no sabía que yo estaba castigado cuando le propuse que me supliera. Además, usted no tenía que haberme castigado a hacer un servicio de armas, eso está prohibido en el Código Militar y usted lo tenía que saber —le aclaré a aquel energúmeno.

—¡Vaya, hombre, ahora me vas a dar lecciones militares, so cabrón! ¡Silencio!, ¡El código me lo paso por los cojones! ¡Te voy a dar una hostia que te voy a volver de revés! Ahora se te ha caído el plumero: voy a pasarle un informe al coronel para que te ponga un mes de castigo.

Escuché estoicamente a aquel hijo de puta sin apartar la vista. Aquel sujeto creo que sabía que, aunque me machacara, yo no iba a perder mi compostura, mi orgullo y mi odio, que eran superiores a sus galones y a su chulería.

—Yo no soy indisciplinado, lo que ocurre, mi teniente, es que me han traído aquí y me han sacado de mi trabajo, donde estaba ganando un sueldo para llevar a mi casa. Ahora, mi madre tiene que tirarse a la calle para poder comer, porque al venir aquí he perdido el salario que ganaba en mi empresa. ¿Quién me paga a mí el dinero que pierdo en estos dieciocho meses?

—¿A mí qué mierda me importan tus problemas? Aquí hay mucha gente que están en la misma situación que tú, de modo que te quitas de mi vista y te vas ahora mismo al cuerpo de guardia y al calabozo durante un mes.

Dos meses infernales

El calabozo consistía en una habitación de unos cincuenta o sesenta metros cuadrados, con varias literas y un total de quince o dieciséis camastros. Esta habitación estaba cerrada con una gran puerta de rejas de hierro de gran grosor y un centinela hacía la guardia delante, armado y con munición real, desde donde divisaba cada rincón del perímetro de la celda. Dentro del calabozo, unas letrinas adosadas tras un tabique y un ventanuco enrejado a la altura de unos dos metros y medio, que daba a la plaza central o patio de armas del campamento.

A la mañana siguiente de dormir el primer día enrejado, un soldado me condujo ante el teniente que en ese momento estaba de guardia. Yo no lo conocía, jamás lo había visto.

—¡A la orden, mi teniente! —lo saludé.

—Sabe usted que aquí tengo un informe y una orden del coronel jefe de este campamento, en el cual se le castiga a dos meses encerrado en este calabozo, perdiendo todos los derechos que como soldado del Ejército español tiene adquiridos.

—¡Pues qué bien, estoy listo!

—¿Cómo dice? —El teniente me observó como extrañado y cabreado.

—No, es que el teniente Romera me habló de solo un mes de castigo y ahora me dice que son dos meses; no lo entiendo.

—Eso será porque al coronel no le gustan los enterados y los rebeldes —sentenció aquel teniente—. Soldado, encierre en el calabozo al cabo Martín Ruiz —ordenó al centinela de guardia.

Me encerraron otra vez y allí quedé rumiando en el camastro de mi litera el odio hacia el régimen franquista y su puñetero ejército.

Segundo día en el calabozo, toque de diana. El soldado de guardia de la reja de aquella cárcel nos abrió la cancela para que saliéramos, requeridos por orden de un teniente llamado Javier Ulkuru. Era un teniente bastante viejo que tenía su propia vivienda dentro del campamento, una casa en la que habitaba con su esposa, también bastante mayor. Por lo visto, su trabajo era hacer que los castigados en el calabozo realizaran toda clase de trabajos para el saneamiento y los arreglos de todos los desperfectos y averías en el interior del campamento Benítez, Regimiento Aragón 17. Su mayor característica consistía en mover la mandíbula como un rumiante: al parecer, tenía toda la dentadura postiza y siempre la estaba desplazando dentro de la boca; otras eran sus chorradas, sus ironías y su estupidez. Por lo demás, no era muy mala persona.

Como especifico, a los trece o catorce cautivos encerrados nos sacaron a la puerta y a la escalinata del cuerpo de guardia, delante de la gran plaza central o patio de armas. Ante mi gran sorpresa, al final de la escalinata estaba el teniente Ulkuru sentado en un *sillón-sofá* y delante de él, un montón de herramientas de trabajo de albañilería y otros oficios: picos, palas, carretillas, palustres, martillos, machotas, tijeras de podar, serruchos, rastrillos, etc.; todo un arsenal de utensilios propios de trabajos de campo y construcción.

—¡A formar! —gritó el teniente, mascullando y moviendo su postiza dentadura incesantemente—. ¡A cubrirse! ¡Firmes! ¡Cabo Martín, acérquese! —Bajé la escalinata y me puse frente a él—. Cabo Martín, usted es el único que tiene el galón de cabo en este calabozo y, por tanto, usted será desde este momento el único responsable de toda esta gentuza durante los dos siguientes meses que va a permanecer en este encierro. Si no se obedecen mis órdenes a rajatabla, usted será el culpable y en vez de dieciocho meses de servicio militar se le ampliarán a veinticuatro, y así sucesivamente, de modo que ya sabe lo que le espera si no se acatan mis órdenes con precisión y diligencia. Yo le iré designando diariamente el trabajo a realizar en cada jornada, ¿entendido? —decretó aquel teniente Ulkuru.

Fríamente y acabando la conversación con este teniente, el alma y el corazón los tenía en un puño y me invadió un canguelo pensando en que aquello de que «los veinticuatro meses, y así sucesivamente» no iba en broma y podía ser realidad.

—Cabo Martín, hoy os vais a dirigir al camino que conduce hacia Torreones y comenzáis limpiando todos los matojos, cortando las ramas secas, regando el camino y sembrando estos brotes de flores que tengo aquí preparados. Quiero ver el camino como la palma de mi mano. Por la tarde me pasaré para ver cómo ha quedado el trabajo.

Como a veces me suele ocurrir, reincido en meter la pata por mi carácter rebelde y contestatario. Miré al teniente y le dije:

—Mi teniente, yo soy cabo y los cabos no hacen trabajos de labranza y ocupación; por lo tanto, yo no moveré un dedo, solo daré las órdenes que usted me ha encargado para el grupo del calabozo.

Ulkuru se quedó mirándome por el rabillo del ojo fijamente y rumiando una respuesta a aquella insolencia mía durante unos segundos. Me contestó:

—¡Pues vale! Llevas razón, pero recuerda: tú no trabajas, pero los demás tendrán que cumplir con el trabajo encomendado y, si no es así, aténgase a las consecuencias.

Era la primera vez desde que ingresé en el campamento Benítez que alguien me daba la razón y yo me salía con la mía. Esto fue un punto a mi favor en relación con el grupo de presos, que vieron que yo era capaz de discutirle a cualquier mando cuando era necesario y cuando yo llevaba razón.

Nos encaminamos hacia aquel sendero que teníamos que arreglar, escoltados por un soldado de guardia armado con su fusil Mauser cargado con munición real, como si fuésemos unos prisioneros de guerra o presos peligrosos. Una vez en el camino, quise ordenar el trabajo encomendando diferentes funciones por grupos: unos limpiando, otros cortando ramas, otros regando, etc. Poco caso me hicieron: cada uno hizo lo que le vino en gana y algún que otro hizo algo parecido a lo que le ordené.

Observando aquella situación, me tomé un tiempo y pensé que, si no me imponía a aquella caterva de catetos analfabetos tan singular, tan turbulenta y tan perturbadora, podía caerme una muy gorda, de modo que me dirigí a aquel grupo con muy mala leche.

—¡Vamos a ver! No estoy dispuesto a que por vuestra culpa me castiguen a más tiempo de mili ni de calabozo, de modo que el que no obedezca y no haga su trabajo se las tendrá que ver conmigo.

Hasta ese preciso momento no había sopesado la magnitud de mi situación dentro del calabozo como único cabo, responsable de las acciones de este grupo de la muerte, como llegué a llamarlo. En este, de trece o catorce soldados, había gente de diferentes raleas e instintos dispares. Manolo, un chico de Jaén, estaba castigado en el calabozo por ladrón y pendenciero; Juanillo, también de Jaén, chivato mal nacido, había acuchillado a un compañero de su compañía en una reyerta sin sentido y estaba esperando a que lo trasladaran a un castillo (prisión militar) para cumplir, según decían, tres años en esa prisión. Enrique, el Francés era un chico bastante incauto y gilipollas que un día se marchó con su padre a Francia cuando solo tenía tres años y el muy lelo volvió a España solo para hacer el servicio militar. Pepe, el Pescadero era un chaval analfabeto del barrio de Huelin de Málaga que con veinte años ya tenía tres hijos y que se ganaba la vida vendiendo pescado por las calles de Huelin para así poder alimentar a toda la familia; siempre estaba cabreado, pensando en sus hijos y en su mujer y en la clase de penalidades que estarían pasando. Ricardo

Fernández era un estudiante muy enterado y rojillo, encerrado por discutir y no obedecer ninguna orden de los jefes, sin importarle que los mandos le zurraran a cada momento. Joseillo, Pepote, era un cateto como él solo que se dedicó a exterminar ratas y dejarlas delante de la enfermería. Esto de las ratas tenía su historia, pues resulta que en el campamento había una plaga y salió una orden de que por cada diez ratas que matara un soldado se le daba un día de permiso, pero había que presentar solo el rabo. Este Joseillo mató a más de cuarenta ratas, pero en vez de presentar los respectivos rabos dejó las ratas enteras delante de la enfermería y le castigaron a un mes de castigo en el calabozo. Y el resto del grupo, unas *perlas*. En fin, una colección de personajes a la que yo designaba como la "cuadrilla de la muerte", como la canción de Sabina.

Una vez que me dirigí al grupo y les dije lo que pensaba, que me tenían que obedecer y realizar el trabajo diario que se les encomendara, Juanillo, el chivato de Jaén, se me acercó y me dijo:

—¡Y una mierda para ti! ¡Yo no trabajo! Encima que estoy en el calabozo, quieren que trabaje. ¡Y una mierda!

A sabiendas de que yo sabía que este Juanillo era un tipo peligroso y rastrero, le empujé en el pecho; retrocedió y empuñó un pequeño martillo de albañil amenazándome. Por supuesto, yo no me acobardé, sino que agarré un ladrillo y le advertí:

—Si te acercas a mí te rompo la cabeza en dos pedazos; primero, te la rompo y luego, se lo cuento al teniente Ulkuru para que te lleven lo antes posible a una prisión militar, porque estás calentando a los demás para que no trabajen lo más mínimo. Ya sabrás que no te temo para nada.

Este Juanillo tendría alguna noticia sobre mí, de que yo no me achicaba ante nadie, de modo que depuso su agresiva actitud y comenzó a obedecer; aunque siempre tenía problemas con el resto de la cuadrilla del calabozo. Todo este laberinto de enfrentamientos ocurría ante la mirada del centinela de guardia, que nos vigilaba armado y que insensible, pero asombrado, no intervenía en estos rifirrafes.

El primer día de trabajo para los penados en el calabozo no terminó demasiado mal, pues cuando el teniente Ulkuru se presentó para supervisar nuestro trabajo, quedó medio satisfecho. Recogimos las herramientas y los enseres y los depositamos al pie de las escalinatas del cuerpo de guardia, lugar que durante aquellos dos meses de mi encierro estarían esperándonos. A continuación, nos duchamos, nos condujeron al comedor para la cena y una vez que terminamos nos devolvieron y encerraron de nuevo en la trena.

Aquella noche nadie parloteó demasiado: los ánimos no estaban para gaitas; solo se escucharon en la semioscuridad del calabozo algunos comentarios sobre el trabajo realizado en el sendero de Torreones y la incógnita del trabajo que tendríamos que hacer al siguiente día. El que más habló fue Enrique, el Francés, que era un chico un poco gili y que se creía que por haberse instruido en Francia, un país mucho más moderno y democrático que España, él era más listo que todos nosotros. Cada vez que abría la boca, soltaba una retahíla de chorradas incoherentes y absurdas. A este Enrique, el Francés la mayoría de los que habitábamos en aquel calabozo no le teníamos demasiado aprecio, por el contrario, casi todos le despreciaban y discutían con él por cualquier motivo; aunque a mí me daba un poco de lástima por el hecho de que en el fondo era un desgraciado. Este chaval a cada momento se vanagloriaba de que en Francia su existencia era maravillosa y que el país vecino era un Estado supermoderno, con todos los derechos humanos habidos y por haber y con unas magníficas prestaciones sociales de primera generación.

—¡Cállate ya, chalado! Si estabas tan a gusto en Francia, ¿para qué has venido aquí? ¡Serás desgraciado! ¡Vete a tomar por el culo! —le increparon desde lo alto de algunas literas.

El Francés continuó con su cansina cháchara y, después de escucharlo durante un buen espacio de tiempo argumentando las bienaventuranzas del país vecino y de lo bien que se vivía en el país galo, lo tuve que mandar callar.

—¡Oye, tú, Enrique! A ver si te callas de una puta vez y nos dejas dormir: la gente está cansada y no tenemos ninguna gana de estar escuchando todas tus tonterías. A nadie le interesa tu vida en Francia.

Desde detrás de la reja, se escuchó el siseo del centinela pidiendo que nos calláramos porque era muy tarde y le iban a llamar la atención por no poner orden en el calabozo. El silencio se hizo.

A la mañana siguiente, el mismo panorama: el trabajo encomendado por el teniente Ulkuru para ese segundo día fue socavar unos grandes hoyos en el terruño de algunos jardincillos aledaños al campo de fútbol para plantar unos pequeños árboles y ponerles unos largos palos a forma de guía para que crecieran rectos y de cara al cielo; también excavar y hacer unos arriates sembrando unos rosales a lo largo de un pequeño sendero. Este día transcurrió sin incidencias que señalar y, por tanto, lo pasé bastante tranquilo. Como en la jornada anterior, el teniente Ulkuru se presentó para inspeccionar el trabajo que habíamos realizado.

—Mi teniente —le pregunté—, cuando no tengamos más trabajos que realizar, ¿qué haremos?

—Cabo, no se preocupe: si no hay nada más que hacer porque el campamento haya quedado como un espejo, haréis unos boquetes en el suelo, de un metro de profundidad; yo me divertiré echando periódicos dentro y más tarde los volvéis a rellenar con la misma tierra, ¿vale? —me contestó Ulkuru con mucha ironía y cachondeo.

—¡A la orden, teniente! ¡Muy bien! ¡Ya entiendo, mi teniente! —respondí con la misma ironía, pero con muy mala uva.

A los pocos días y una vez terminada nuestra ocupación, cuando descansábamos cada uno en sus respectivas literas, Juanillo, el chivato de Jaén, hizo un comentario burlándose de Enrique, el Francés y este le contestó insultándole y diciéndole «asqueroso chivato y cateto de mierda». El de Jaén saltó de la litera como un resorte y se lio a golpes con el Francés, que le hizo frente sin mucha convicción; así, se liaron a puñetazos, llevándose la peor parte Enrique, el Francés. Teniendo una pelotera dentro del calabozo, yo podría pagar los platos rotos al ser el cabo encargado y responsable de las acciones del grupo; por tanto, no tuve más remedio que intervenir y separarlos con riesgo para mi integridad física. Inmovilicé como buenamente pude al de Jaén, que era el más peligroso, y luego alguien me ayudó a separarlos por completo; de esta manera, las aguas volvieron a su cauce. Mientras estos dos se estaban vapuleando, la mayoría del grupo de los encerrados animaban a los dos contendientes para que continuaran golpeándose: «¡Vamos, Enrique, dale fuerte a ese chivato!», gritaba algún que otro desgraciado echando leña al fuego. Una vez tranquilizados y todo a oscuras y en silencio, comencé a susurrar muy despacio, pero lo suficientemente claro para que todos me oyeran, y en tono agresivo y amenazante:

—Muchachos, aquí hay muy mala leche: la mayoría sois unos hijos de mala madre y no estoy dispuesto a pasar estos dos meses con el alma en vilo por culpa de cuatro mierdas como vosotros, de modo que el que quiera enfrentarse a mí, que lo haga ahora mismo, no me importa liarme a hostias con todos vosotros. Y si alguien tiene algo que decirme que me lo diga ahora, ¿vale?

Se hizo el silencio absoluto y nadie respondió a mi bravata. Esa noche descansé muy tranquilo después de soltar aquella perorata positiva y de liderazgo.

Por aquel entonces unos soldados, que en su vida paisana trabajaban de albañiles, comenzaron a reformar el edificio del bar de oficiales. Esta reforma consistía en ampliar la barra, construir una pequeña habitación para poder almacenar las bebidas y otros productos de hostelería, poner nuevos alicatados y nueva solería, y algunos arreglillos más. El centinela de guardia del calabozo nos despertó y nos sacó como todos los días a las escalinatas conduciéndonos ante el teniente Ulkuru. Como siempre, sentado en su sillón, en medio del patio de armas y con un reguero de herramientas y aperos en el suelo ordenados muy minuciosamente, se dirigió hacia mí diciendo:

—Cabo Martín, el trabajo que vais a realizar a partir de hoy es muy importante, pues será un gran ahorro para el presupuesto de este cuartel. —Yo le escuchaba con poco interés, aunque me picaba la curiosidad por saber qué nueva mierda de trabajo se nos iba a encomendar, que para el teniente era tan importante—. Como habréis visto, por uno de los caminos que conduce a la playa hay un cortijo abandonado y casi derruido: ese cortijo es patrimonio del Ejército español y, por tanto, lo vamos a aprovechar. Tenéis que demoler todos los muros de ese cortijo, ladrillo a ladrillo, y limpiarlos hasta dejarlos como nuevos para que así puedan servir en el arreglo del bar de los oficiales. También aprovecharéis las tejas que estén en buen estado y las dejaréis como nuevas para usarlas en los arreglos de ese edificio. Los ladrillos y las tejas las iréis amontonando ordenadamente y luego las trasladáis a un lateral del bar.

Cortijo abandonado cercano al campamento

—De acuerdo, mi teniente —le contesté—. ¡A la orden, mi teniente!

—Espera, espera, cabo, aún no he terminado. Tenéis que limpiar quinientos ladrillos y doscientas tejas diariamente y si no hacéis esa cantidad, que es muy razonable, ya sabe usted, Martín, lo que le dije hace unos días sobre aquello de alargar su servicio militar unos meses más.

«¡Será hijo de puta este cabrón!», mascullé para mis adentros. Yo no estaba al corriente de si aquellas cantidades de ladrillos y tejas serían fáciles o difíciles de conseguir limpiar, pero bueno, ya lo comprobaríamos al finalizar la jornada. Nos dirigimos hacia aquel cortijo abandonado, siempre vigilados por un soldado de guardia armado con munición real que eternamente iba tras el grupo a una distancia prudencial, establecida de antemano por los jefes desde el cuerpo de guardia. Estaba derruido y solo quedaban en pie los muros y algunas partes de un antiguo tejado. Repartí al personal del calabozo por entre los muros y parte del tejado y, armados con picolas y palustres, los soldados presos comenzaron a limpiar ladrillos y tejas. Yo me senté en la parte superior de uno de los muros semiderruido y desde allí observaba a todo el grupo al tiempo que también iba contando los que se iban limpiando. A veces les echaba una mano para terminar antes.

El soldado que nos vigilaba nunca era el mismo, pues la guardia cambiaba diariamente y, dependiendo si era veterano o recluta, estaba más o menos atento a nosotros y más o menos nervioso ante nuestra jodida presencia. Si era un recluta, el guardia vigilante siempre estaba nervioso y ojo avizor, pues creía que los del pelotón del calabozo estábamos encerrados porque éramos una cuadrilla de asesinos y maleantes y el chaval estaba cagado esperando cualquier barrabasada nuestra que le pudiese comprometer. Además, aquellos capullos de la "cuadrilla de la muerte", como yo los llamaba y que me acompañaban en mi encierro, intentaban poner nervioso al vigilante de turno metiéndose con ellos y bromeando sobre su infundado miedo. En cambio, si era un veterano el que nos vigilaba, la cosa cambiaba y estos no se alteraban ni nos hacían ningún caso, solo vigilaban y punto.

Una vez terminada la jornada, se consiguieron aquellos quinientos ladrillos y las doscientas tejas con mucha dificultad, ya que era el primer día y la primera vez que se hacía aquello y, por lo tanto, no estábamos acostumbrados al trabajo. Trasladamos el material al bar de oficiales y, como todos los días, el soldado de guardia nos llevó de vuelta al calabozo. Ese día el pelotón sí estaba realmente agotado: el cansancio en los brazos era notorio y la fatiga se retrataba en los rostros.

Durante todo ese período de reestructuración y componenda del bar de oficiales, ocurrieron diversos incidentes que permanecieron alterando a veces mi mente y mi memoria durante varios años después de abandonar el ejército, pues continuamente padecía malos sueños rememorando las penalidades sufridas en esa mili ineficaz. Un día que nos conducía un recluta hacia el cortijo abandonado, todos observamos que caminaba bastante retirado de nosotros: normalmente el que hacía de vigilante del grupo siempre mantenía una distancia prudencial, entre cinco o seis metros de seguridad; pero en esa ocasión aquel soldado se mantenía a una distancia de veinte o veinticinco metros, al parecer, asustado por el hecho de vigilar a posibles malhechores. Al inútil de Enrique, el Francés se le ocurrió la fatal idea de ir aminorando el paso, con lo cual la distancia con el recluta vigilante se iba acortando.

—¡Oye, tú, a ver si andas más rápido! —le gritó el recluta al Francés.

—¿¡Qué te pasa, recluta!? ¿¡Estás cagado, verdad!? Tienes más miedo que siete viejas —le respondió el Francés.

El pobre recluta se fue poniendo cada vez más intranquilo y tan acobardado que en un momento determinado levantó el fusil apuntando al Francés y de rebote al resto del grupo.

—¿¡Qué estás haciendo, majareta!? —le gritó Pepe, el Pescadero—. ¿No ves que se te va a escapar un tiro y nos vas a dar a uno de nosotros?

El resto del grupo comenzó a increpar al pobre recluta, que estaba bloqueado, en estado de *shock* y medio descompuesto. Ante este peligroso panorama, no tuve más remedio que rodearle y, rápido y en un descuido, le arrebaté el fusil Mauser que estaba cargado con munición real y presto a disparar. El recluta quedó petrificado y temblando: se encontraba desarmado y puteado por todo el grupo.

—¡Ya está bien, leche! —grité—. ¡Dejad al recluta tranquilo, que le va a dar un patatús! ¡Dejadlo que se tranquilice!

—¡Dame el fusil, dame el fusil! —me gritaba desesperado y asustado el pobre chaval.

—¡De eso nada! Ahora mismo nos vamos para el cuerpo de guardia y allí entregaré tu arma.

—¡Pues no veas la que le va a caer! —sentenció el Pescadero.

—Yo lo siento —comenté—, pero después de estar puteado y en el calabozo, no voy a consentir que alguien me pegue un tiro. La culpa de esto no la tiene el recluta, sino los que permiten que estos analfabetos tengan un fusil en las manos sin estar preparados.

Cuando regresamos al campamento, todos los soldados que pululaban por la plaza central y sus alrededores miraban al grupo asombrados y comentaban la estrafalaria situación: un vigilante desarmado y vigilado por sus propios presos. El teniente Ulkuru empapeló al recluta y me pidió explicaciones; le dije lo que me dio la gana y abogué para que indultaran al soldado, ya que el chaval era un cagado y el grupo del calabozo, unos cabrones que le hicieron cometer la gran imprudencia de dejarse arrebatar el arma reglamentaria.

Otro de aquellos días en que el grupo estaba tranquilamente atareado limpiando ladrillos y tejas viejas, como siempre, me encontraba sobre el murallón semidestruido de aquel cortijo; el soldado vigilante de la pandilla, también como siempre, se encontraba a unos veinte metros separado de los muros. De pronto, escuché un silbido que me era bastante familiar y que, por su característico sonido, era muy peligroso, pues era el de un proyectil real de mortero de artillería, pero que, al ser de un calibre menor, pertenecía a la infantería; o sea, que aquellos que disparaban dependían de alguna unidad medular de nuestro regimiento. Al parecer, no estaban al corriente de que en su objetivo estábamos trabajando la gente del calabozo.

—¡Al suelo, al suelo! —grité para que todos se tiraran al suelo y que se refugiaran en cualquier sitio seguro.

Cuatro granadas de mortero cayeron a unos veinte o treinta metros del cortijo donde nos encontrábamos los desgraciados soldados arrestados de la cárcel. El centinela se libró de milagro, porque uno de los proyectiles cayó a unos diez o quince metros de él: su suerte estuvo en que entre él y una de las granadas se encontraba uno de aquellos antiguos muros.

—¡Hijos de puta! Pero ¿no saben que estamos aquí el grupo de los arrestados? ¡Nos van a destripar estos cabrones! ¡Vamos!,

¡vamos!, ¡vamos! ¡Todos fuera de aquí! ¡Vamos! ¡Todos al Campamento! —les grité desaforadamente al grupo de los soldados reclusos que estaban a mis órdenes.

Escapamos corriendo despavoridos, camino del campamento, y el soldado guardián del grupo gritaba que nos parasemos, temiendo que llegáramos antes que él al cuerpo de guardia y le pudieran castigar por llegar el último.

Me dirigí al teniente de guardia y le conté lo sucedido; también me fui en busca del teniente Ulkuru, que ante la noticia de tamaño error se llevó las manos a la cabeza. A la media hora, todo el Regimiento Aragón 17 sabía de aquel suceso. Días más tarde, me informaron de que los mandos militares que llevaron a cabo aquella «magnífica operación» fueron todos empapelados por orden del coronel jefe del campamento Benítez.

Una noche, a las dos o tres de la madrugada, me zarandearon en mi camastro del calabozo: abrí los ojos en la penumbra y el centinela, que había entrado en la habitación, me dijo al oído:

—Cabo Martín, el teniente Gonzálvez me ha dicho que te presentes ahora en su despacho.

—¡Coño, a estas horas! ¿Qué querrá ese loco? —le pregunté al centinela de guardia.

Salí acompañado por él y penetré en el despacho del teniente loco.

—¡A la orden, mi teniente!

—Siéntese, cabo —me ordenó suavemente.

—Vaya horas para hablar conmigo, mi teniente —susurré sin mucha convicción—: estaba a mitad del sueño y mañana el teniente Ulkuru nos espera muy temprano para trabajar en el cortijillo —le dije a sabiendas de que ese militar no estaba muy bien de la cabeza y a saber para qué me reclamaba.

—Ahora mismo me va a decir usted quiénes son los que trafican con grifa (cannabis) dentro del calabozo, quién es el cabecilla de esa banda y a qué compañía pertenecen.

«¡Arrea! —pensé—. Este tío está como una cabra». Quise reconducir aquella conversación hacia mi terreno, pues este hombre me podía meter en algún lío con aquel rollo de la grifa.

—Mire, mi teniente, yo tengo buena vista para estas cosas y no he observado nada raro dentro del calabozo. Si yo notara algo, ya se lo comunicaría inmediatamente a usted, mi teniente: sería el primero en enterarse. Hay dentro no hay mala gente, mi teniente.

—Bueno, pues esté atento por si observa algo raro. Usted es el responsable de lo que ocurra tras esa rejas, para eso es el cabo.

«Otro con el condenado y maldito rollo de la responsabilidad, valiente mierda», cavilé. Me marché deliberando que, sin comerlo ni beberlo, a veces se me presentaban algunos malos rollos, pero por fin me había escabullido de aquel teniente y pude terminar de dormir. Sin embargo, quizás tenía algo de razón, pues uno de esos días observé a Manolo, uno de los de Jaén, el pendenciero y ladrón, subido a una litera que no era la suya, mirando a través del ventanuco del calabozo que daba al patio de armas y discutiendo con algún soldado o alguien del exterior. Hablaban de hacer cualquier chanchullo de marihuana o grifa. De inmediato, de un salto subí a la litera donde se encontraba Manolo, el de Jaén, y lo agarré de la cintura y lo arrojé hacia atrás cayendo encima del desvencijado y sucio colchón. Por aquel entonces, aunque la comida del cuartel de Benítez era pura bazofia, yo estaba muy fuerte porque me hice amigo de algunos cocineros que me arrimaban bocatas extras (más adelante describiré con algunos detalles estas circunstancias). El de Jaén no se enteró de por donde le vino el derribo; seguí tirando de él hasta llevarlo al suelo del calabozo y, quedando boca abajo, allí le dije al oído:

—La próxima vez que te observe organizando chanchullos aquí adentro, se lo notifico al capitán Pontón, ¡ya lo sabes! Esperas a que yo salga de aquí y entonces haces lo que te venga en gana.

El de Jaén parece que se asustó al ver mi cara de mala leche y, al comprobar la brutalidad que yo había empleado para derribarlo, no respondió y no dio ningún mal paso durante los días venideros.

Seguimos limpiando ladrillos y tejas día tras día. Uno de esos, y después de depositar el material en el bar de oficiales, regresamos al calabozo. Una vez dentro y en la penumbra, observé unos movimientos extraños entre algunos de los presos: me acerqué y vi que varios del grupo habían substraído algunas botellas de güisqui, ron, ginebra y otras bebidas espirituosas del almacén del bar de oficiales. Inmediatamente, me hice cargo de la situación, sin gritar demasiado fuerte para que no se enterara el guardia de la reja.

—¡Seréis hijos de puta! ¡Estáis locos! Como se den cuenta de que habéis robado bebidas del bar nos van a meter un paquete que vamos a terminar todos en una prisión militar para pasar unas vacaciones de varios años. ¡Seréis cabrones! Mañana por la mañana vais a coger todas las botellas y, sin que nadie lo advierta, las volvéis a dejar en el mismo sitio de donde las habéis robado.

Fui recogiendo las botellas y depositándolas junto a mi camastro para que ninguno tuviese la tentación de beberlas o hacerlas desaparecer. Por la mañana, todo salió bien y las bebidas fueron devueltas sin incidencias.

Día tras día, ladrillo tras ladrillo y teja tras teja, el tiempo transcurría con la incógnita y la amenaza de que una inesperada gamberrada de alguien del grupo del calabozo me amargara aún más la vida. Estando en la cima de un montículo junto al cortijo, como siempre, observando a los castigados limpiando ladrillos y al centinela que nos vigilaba apostado a unos pocos metros, veo a Enrique, el Francés discutiendo como otras tantas veces con el chivato Juanillo de Jaén. Enrique esgrimía un pico de hierro de mango corto y el chivato de Jaén sostenía una pala corta de zapadores.

—¡Esta vez te mato, franchute de mierda! ¡Me cago en tu puta madre! —gritaba Juanillo.

—¡Chivato, a ti no te quiere nadie, eres un degenerado! —le contestó gritando desaforadamente Enrique, el Francés.

Se enzarzaron en una pelea muy peligrosa, ya que ambos intentaban golpearse con las temibles herramientas que portaban, pero por suerte no llegaron a hacerse mucho daño. Al Francés le rozó en una pierna la pala corta que esgrimía el chivato: de inmediato, comenzó a sangrarle la pierna, a la altura de la pantorrilla. Salté desde el montículo donde me encontraba y corriendo y poniendo en peligro mi propia integridad pude separarlos y parar aquella singular pelea, que de seguir hubiera acabado en un disgusto. El cabrón del guardia que nos vigilaba no había movido ni una sola mano para impedir la confrontación y, además, se estaba riendo de aquella absurda situación.

—¿De qué te ríes, majareta? —le increpé—. ¿No sabes que si ocurre algún percance en este grupo de mierda tú también eres parte responsable por no vigilar bien, desgraciado?

De vuelta al campamento, con el permiso del teniente Ulkuru, llevé al Francés a la enfermería para que le remediaran el corte de la pierna; le había dicho al teniente que Enrique se había caído desde lo alto de un muro del cortijo, haciéndose el corte en la caída.

Resultaba que Enrique, el Francés no sabía escribir castellano y acudió a mí para que le redactara una carta para su novia francesa; no sé por qué no quería escribirla en francés. Yo accedí, pues en el fondo me daba pena de aquel desgraciado al que todos odiaban por pedante y gilipollas.

—¡Vale, Enrique! Me vas diciendo qué le pongo a tu novia en esta carta.

—«Querida Mónica —comenzó a dictarme—: te escribo después de tantos días aquí encerrado en el calabozo de estos cabrones hijos de puta y del cabrón de Franco…».

—¡Oye, oye, para un poco! Yo no te escribo esto para que me empaqueten por tu culpa. ¿Tú no sabes que tus cartas las van a leer antes de que lleguen a su destino, como están haciendo con las de alguno de los que aquí estamos?

Efectivamente, yo tenía noticias de que algunas cartas de los del grupo del calabozo las abrían los militares por si contenían algunas frases y conductas contrarias al régimen de Franco o cualquier cosa no conveniente al Ejército. Ante esta afirmación mía, la totalidad de la "cuadrilla de la muerte" levantó la mirada hacia mí.

—Eso no será cierto, ¿verdad, cabo? ¿Estos cabrones militares leen nuestras cartas? ¡Lo que nos faltaba! —exclamó alguien desde el fondo del cubículo del calabozo.

—Pues yo creo que sí, de modo que hay que tener cuidado con lo que ponéis en vuestros escritos. Y tú ya lo sabes, Enrique, a mí no me llames para que escriba a tu novia contándole tus penas y despotricando contra este gobierno y su ejército.

Pepe, el Pescadero, el del barrio de Huelin de Málaga, con mujer y tres hijos, en todo momento estaba cabreado y borracho: no sé de dónde conseguía las bebidas, aunque, al parecer, las borracheras las agarraba a base de vino blanco peleón del más barato. Su mujer deambulaba con frecuencia por todo el campamento hablando con unos y otros para que soltaran a su marido y lo licenciaran, y así pudiese trabajar y alimentar a sus hijos, siempre lloriqueando con que no tenían para comer. De momento, no le hacían ni maldito caso: allí cada uno de aquellos militares se preocupaba por sí mismo. Un día, en el interior del calabozo, lo vi con una borrachera descomunal: no se tenía en pie y gritaba enloquecido como un poseso hora tras hora sin parar en ningún momento:

—¡Hijos de puta, sacadme de aquí! ¡Me quiero ir a mi casa, que mis hijos están sin comer! ¡Cabrones, sacadme de aquí! ¡Cabrones, sacadme quiero, irme a mi casa, mis hijos me necesitan! —Así toda la tarde.

Aquellos alaridos del Pescadero comenzaron a afectarme y también al guardia de la puerta, pues le podían llamar la atención por no poner orden detrás de la reja; al resto del grupo le daba igual que el Pescadero gritara. Algún que otro preso soltaba algunas frases recriminatorias: «¡Cállate ya, coño!», «¡No eres pesado, Pepe! ¡Vete a la mierda y duerme la mona, leche!», «¡Déjanos descansar, cojones!». Me acerqué a su lado.

—Pepe, por favor, ¿te quieres sosegar? ¡Cállate ya, por favor! Te van a meter un paquete más gordo que el del calabozo y tus hijos te necesitan. No la líes.

—¡No me callo, Martín, leche! Estos cabrones me tienen que soltar y dejar que me vaya a mi casa. —Así, una y otra vez, gritaba aferrado a los barrotes de la gran reja.

Y, mira por dónde, aparece detrás de la reja el gran mamón de la segunda compañía, el gordinflón teniente Romera, por cuya culpa yo estaba encerrado tras esos barrotes, y es que ese día estaba de guardia en todo el campamento.

—¿¡Qué pasa con tanto grito, Pepe!? A ver si te callas y podemos dormir todos. Por mucho que grites, no vas a salir —sentenció aquel cabrón, dándose aires de mandamás, amo y señor de todo lo que se movía dentro del campamento Benítez, Regimiento Aragón 17 de Málaga.

Sin esperarlo, y ante mi enorme asombro, Pepe respondió armando un gran revuelo injuriando a la madre del teniente y al propio, que quedó estupefacto.

—¡Me cago en tu puta madre, cabrón teniente Romera! —le soltó el Pescadero con un estruendoso grito alentado por la gran borrachera; grito que, según creo, se escuchó en todo el cuartel.

—¿¡Qué estás diciendo, desgraciado de mierda!? —se revolvió el teniente Romera con una cara de mala leche y asombrado.

—¡Que me cago en tu puta madre, Romera, y en los muertos de Franco! —continuó gritando Pepe, el Pescadero más fuerte que la vez anterior.

El teniente Romera se puso en jarras detrás de la reja y le dijo al Pescadero:

—¿¡A que te pego un tiro, desgraciado!?

—¡Pues pégame un tiro, pero me pago en tu puta madre y en los muertos de Franco!

En ese momento, intervine yo, intuyendo lo que podía avecinarse:

—¡Por favor, Pepe, cállate ya! ¡Por favor, mi teniente, no le haga caso, no ve usted que está borracho y no sabe lo que dice!

—¡Hijo de puta, hijo de puta, hijo de puta! —vociferó Pepe como un poseído.

El teniente Romera sacó su pistola, que portaba en su correaje, y apuntó a la cabeza de Pepe, el Pescadero, introduciendo el cañón del arma entre los barrotes de las rejas.

—¡Que te arreo un tiro, Pepe, desgraciado! —gritaba el teniente.

—¡Cabrón, cabrón, cabrón! —Así continuaba Pepe, veinte, treinta, cuarenta veces seguidas, ciego de rabia y vino.

Uno, diciéndole cabrón al teniente y este, que le pegaba un tiro. Desistí de intentar poner un poco de cordura y paz y me senté en mi camastro, dejando a Pepe con su repetido repertorio de insultos. El guardia de la reja, por un lado, y el resto del grupo del calabozo, por la otra parte, estábamos todos alucinados con la situación. Al final, el Pescadero, gritando sin descanso, se dirigió al teniente Romera y le dijo:

—Me callaré si tú dices que Franco es un hijo de puta, so mamón.

Al chulo y cabrón del teniente Romera no le estaba agradando aquella puesta en escena, pues parecía ridículo sacarle una pistola a un borracho y amenazarlo con dispararle, y, además, con tantos ojos mirando y expectantes para ver en qué terminaba aquella pelotera. Romera lo recapacitó y, al cabo de unos pocos segundos, guardó la pistola y dijo:

—¡Vale, vale! Franco es un hijo de puta, pero cállate ya y te acuestas a dormir la mona, Pepe.

«¡Olé! —pensé—. Ya te has cagado, ya has dado marcha atrás, teniente Romera, cabrón mayor de la segunda compañía. ¡Te has cagado!». De inmediato, salté de mi litera y retiré a Pepe, el Pescadero de la reja, que tambaleándose y con mi ayuda consiguió subir a su camastro. Una vez que lo acosté, le quité los pantalones, porque se había meado en ellos a causa de la gran borrachera, lo tapé con la manta y, al punto de dormirse, le susurré al oído:

—¡Olé tus cojones! Has puesto en ridículo a ese caimán del teniente Romera. ¡Olé tus cojones!

A la mañana siguiente, todos los soldados de la segunda y todo el campamento tuvieron noticia sobre lo ocurrido en los calabozos la noche anterior. Desde aquella noche infernal, el teniente Romera perdió parte de su fama de hombre duro y arrogante. También, a partir de aquella noche, a Pepe, el Pescadero no se le vio jamás el pelo por el cuartel porque lo licenciaron y lo dejaron marcharse para casa y que atendiera y cuidara a su familia.

Por otro lado, tengo que reseñar que, una vez que mi novia Rafi tuvo noticias a través de mi madre de que me habían castigado con dos meses de calabozo, un domingo cogió el autobús que hacía el trayecto Málaga-Torremolinos y se plantó en el campamento Benítez sin pensarlo dos veces. Los domingos también se descansaba en el calabozo, por lo que nos pasábamos toda la jornada sesteando y jugando al parchís, a las damas o leyendo, aunque no podíamos salir fuera de la celda. Ese domingo, sobre las cuatro de la tarde, me llamaron desde el exterior del calabozo a través del ventanuco que estaba a dos metros y medio de altura. Me subí a la litera y miré hacia el patio de armas: un compañero de la segunda compañía me hizo señas.

—Martín, tu novia se encuentra en Torreones preguntando por ti y quiere entrar en el campamento para verte, pero los guardias no la dejan pasar porque dicen que, como estás en el calabozo, no puedes recibir visitas y que necesitaría un permiso del comandante para poder pasar.

—¡Hijos de puta! Oye, ¿por qué no buscas al cabo primero Patxicoa y le dices que se acerque aquí para hablar conmigo, que lo necesito? Mira a ver si lo encuentras en la segunda compañía, en el hogar del soldado o donde sea.

Patxicoa siempre estaba, pues era un amargado que no se movía del campamento: su vida era triste y muy monótona, tenía muy pocas amistades, pues la mayoría de los soldados no querían saber nada de él por su conducta, sus malos modos y su mala leche. Al cuarto de hora, escuché mi nombre.

—Martín, ¿qué pasa? —Me asomé a la rendija y le conté que mi novia Rafi se encontraba en Torreones y que no la dejaban pasar para poder visitarme—. ¡Tranquilo, Martín, que hoy vas a ver a tu novia! Esta gente no sabe que me conozco al dedillo todos los artículos del Código Militar y al menos te tienen que dar una hora de visita. Voy a ver si lo arreglo —me aclaró el cabo primero.

Por lo visto, Patxicoa se dirigió a la guardia de Torreones, puerta de entrada del campamento, donde se encontraba retenida mi novia y se enfrentó a los centinelas y al cabo que allí estaban. Como si fuese el coronel del regimiento, puteó a todos los centinelas, de tal modo que no tuvieron más remedio que dejarla pasar al interior. Ese primer paso ya estaba conseguido: Patxicoa habló con mi novia Rafi y le indicó que buscara al comandante del cuartel, máxima autoridad en ese domingo, y que le dijera que tenía derecho a verme, al menos durante una hora como mínimo, aunque yo estuviera arrestado.

Rafi recorrió los casi ciento treinta metros del sendero que distanciaban Torreones del cuerpo de guardia buscando al comandante del cuartel, que en ese momento se encontraba sentado en la terraza del bar de oficiales tomando unas copas con otros jefes y mandos. Rafi se presentó ante el grupo de militares allí sentados y le dijo al militar jefe que quería ver al cabo Martín, porque era su novia, y que venía desde Málaga para verme, que no se marchaba hasta que no me viera y hablara conmigo. A estos militares les caía bien la gente con dos pelotas (en este caso, con dos ovarios) y, viendo con el atrevimiento que Rafi se enfrentaba a aquella extrema situación exponiendo el razonamiento que mi amigo el cabo primero Patxicoa le había aleccionado, el comandante no tuvo más remedio que ceder. Dio la orden a un soldado de que me sacaran del calabozo para verla y pasear con ella por aquellos jardines de los alrededores. Con gran alegría, salí y corrí junto a mi novia, a la que no la veía desde hacía bastante tiempo. Estuvimos paseando y charlando durante un par de horas hasta que se tuvo que marchar, porque caía la tarde y pronto anochecería; más tarde, ella le contaría a mi madre que yo me encontraba bien, del rato que pasó conmigo y de las cosillas que estuvimos hablando. Mi novia aprovechó aquel viaje para llevarme algunas viandas y cosillas de aseo necesarias. Cuando pude, le di las gracias al primero Patxicoa, que, aunque era un cabrón malintencionado, conmigo se llevaba de maravilla y me ayudaba en lo que podía.

Al poco tiempo de permanecer en ese encierro, ingresó un inesperado elemento en el calabozo, un soldado también de Jaén: no recuerdo su nombre, solo que le nombraban el Cables debido a su condición de electricista. Era otro listo y desgraciado gilipollas que, estando rebajado de cualquier servicio y trabajo, hacía las labores de mantenimiento de todo el conjunto eléctrico del campamento; al parecer, le encargaron la renovación e instalación del cableado eléctrico de gran parte de este, que, por lo visto, se encontraba bastante deteriorado. A este soldado lo enviaron a Málaga, a un cuartel de intendencia próximo a La Rosaleda, para que retirara un montón de metros y kilos de cable de cobre eléctrico para realizar una nueva instalación en el campamento Benítez; pero el estúpido no tuvo otra cosa que hacer que revender el cableado nuevo en una chatarrería. Se quedó con el dinero obtenido de la reventa, no arregló nada de la instalación eléctrica del campamento, que siguió deteriorada, y terminó en el calabozo en espera de un castigo ejemplar por robarle al Ejército español. El teniente Ulkuru lo mandó al calabozo después de darle varias hostias en la entrada del cuerpo de guardia, delante de decenas de soldados y mandos. Con el teniente Ulkuru yo observaba otra curiosidad y era que la señora de este teniente era una buenaza y una marimandona que se entrometía en los asuntos militares de su marido.

—¡Ulkuru!, ¡Ulkuru! —gritaba la señora del teniente sin ningún rubor—. ¿¡Qué le has hecho a ese soldado!? ¡A ver si lo dejas tranquilo! ¿¡Por qué lo has castigado!?

Y allá que Ulkuru comenzaba a farfullar ante las recriminaciones de su esposa marimandona; es más, algunos soldados se aventuraban a amenazar al teniente con contarle a ella cualquier historia, aunque fuese falsa. El teniente Ulkuru, por lo visto, le tenía un miedo terrible a la buenaza de su mujer.

Durante un par de semanas de ese período de dos meses en el calabozo, Ulkuru me destinó y me mandó con un pequeño grupo a que me pusiera a las órdenes del sargento que se encargaba de la huerta para que, durante unas cuantas jornadas, ayudáramos y recolectáramos todas las verduras y hortalizas de la temporada. El sargento de la huerta, rechoncho, más bien bastante mantecoso, con un mostacho enorme y más analfabeto que una piedra, recibió a nuestro grupo con bastante satisfacción, pues llegábamos para la recolección y a echarle una mano. Todos los días terminábamos una hora antes y así nos sentábamos para cuchichear y poder cambiar algunas impresiones y opiniones sobre nuestra mili y de la situación que atravesábamos. Aunque ya digo que era más bien corto de mollera, a este hombre le gustaba ilustrarse y escuchar las opiniones de unos y otros, aunque abogaba, como era lógico, por el régimen de Franco, que era el que le daba de comer y le pagaba su salario.

—Y tú, cabo, ¿en qué trabajabas antes de venir aquí? —me preguntó.

—Yo trabajo en las artes gráficas: soy cajista y estaba trabajando en una imprenta, pero me han traído aquí y he perdido mi trabajo y mi salario. ¿Quién me paga a mí el dinero que estoy perdiendo?

—Muchacho, esto es lo que hay. Todos estáis más o menos igual, pero ahora la habéis cagado, os habéis buscado una ruina con el castigo que os han puesto y con estar encerrados en el calabozo. Cuando terminéis el servicio militar, no os podréis colocar en ningún trabajo, ya que vuestra cartilla militar estará manchada y nadie os dará ninguno.

—¡Vamos, mi sargento! ¿Cómo se puede usted creer que un empresario, antes de contratar a un trabajador, le va a pedir la cartilla militar? —le dije.

—Pues ya veréis como os la piden, ya veréis —reiteró convencido aquel sargento.

Por la mañana, nos desplazamos al cobertizo de aquella plantación, acompañados como siempre por el centinela de turno, que cada período de dos horas era reemplazado por otro. El sargento nos indicaba el trabajo a realizar y nos acompañaba hasta el mismo lugar de trabajo y así recolectábamos toda variedad de hortalizas y verduras comestibles. En el tiempo que estuve en aquella huerta, no ocurrió nada de interés y, una vez que terminó la recogida de aquellos vegetales, volví a verle la cara al teniente Ulkuru.

Durante ese espacio de tiempo, de los trece o catorce soldados que componíamos la patrulla del calabozo en el momento que yo ingresé, cumplieron su encarcelamiento cuatro: Joseillo, Pepote; Pepe, el Pescadero y dos soldados más de los que no recuerdo sus nombres por ser unos personajes que no influyeron demasiado en la vida diaria de ese encierro. Por lo tanto, quedábamos diez de ellos, ya que se había incorporado aquel electricista gilipollas, apodado el Cables, que estaba pendiente de traslado. Enrique, el Francés seguía allí y yo creo que se chupó casi toda su mili en el calabozo. También seguían allí encerrados Manolo, el de Jaén, el ladrón y pendenciero; Juanillo, el de Jaén, chivato, mal nacido y mal compañero, el peor de todos, y Ricardo Fernández, el estudiante enterado y rojillo.

Una vez que me incorporé al calabozo durante las veinticuatro horas del día, después de echar una mano en la huerta, creo recordar que me quedarían unos veintidós o veintitrés días de reclusión y me dispuse a recorrerlos lo más tranquilo posible, si es que alguno de aquellos idiotas no me ocasionaban nuevos problemas. Aquella nueva mañana, al teniente Ulkuru se le ocurrió la feliz imaginación de asignarnos un nuevo y animado trabajo. Otra vez en las escalinatas de la entrada del cuerpo de guardia y como siempre Ulkuru, sentado en su sillón; pero esta vez no había herramientas de albañilería ni de construcción: varios cubos de al menos veinte kilos de pintura blanca, rodillos de pintar, brochas y escobillas de todos los tamaños, y unos manteles absorbentes para la pintura que pudiera caer en el suelo.

—¡Cabo Martín, me alegro de verlo, hombre! —Ante esta bienvenida tan calurosa, en mi fuero interno y hacia mis adentros me cagué en todos sus muertos y no le contesté—. Bueno, como verá usted, ahora la cosa va de pintura. Vais a pintar las cinco compañías, pero solo las fachadas exteriores, y vais a comenzar por la primera, la segunda, y así sucesivamente. Espero que en diez días todas las fachadas estén blancas como la nieve.

Al gilipollas de Enrique, el Francés, como casi siempre, se le ocurrió la impertinencia de preguntarle al irónico Ulkuru:

—Mi teniente, ¿no pintamos la cantina y las cuadras?

El teniente, rumiando su deteriorada dentadura de un lado para otro y sonriendo, quizás pensando que aquel chaval no estaba muy bien, le contestó:

—¡Hombre, no había caído, pero lo pensaré!

Cogimos los cubos de pintura y todos los arreos y nos encaminamos hacia la primera compañía. Durante el camino, Juanillo, el chivato, que le tenía un odio feroz al tonto de Enrique, el Francés, se abalanzó hacia él insultándolo e intentando agredirle.

—¡Hijo de puta, francés majareta! ¿Por qué no pintas tú solito con tus cojones la cantina y las cuadras? ¡Gilipollas! —Juanillo siguió increpando—. ¡Serás cabrón! Pues no le vas a dar ideas a ese mierda de teniente para que nos haga trabajar más.

Me interpuse entre ambos y esta vez le sacudí una patada en el culo a Enrique, el Francés.

—Ahora sí que te mereces una paliza, Enrique. Cada vez estás más majareta —le regañé.

Juanillo quedó calmado al ver que yo le había metido a Enrique una patada en el culo y el Francés no dijo ni pío, dándose cuenta de que había cometido una torpeza.

Pintamos una tras otra todas las compañías: tardamos once días y, cada vez que llegábamos a cada uno de los edificios, se promovía un revuelo, pues ocupábamos un gran espacio con los cubos y arreos de pintura. Además, a veces éramos motivo de mofa por parte de algunos soldados, que se reían del grupo del calabozo, claro está, sin dar la cara, porque podía ser peligroso para su integridad física. Nadie sabía pintar ni habíamos pintado nunca, pero bueno, aquello era fácil: pintura blanca y rodillo para arriba y para abajo.

Uno de esos once días, cuando nos llevaban hacia el comedor, acompañados por el centinela armado, formamos delante de la puerta de la gran sala comedor. Pregunté por el teniente que estaba ese día a cargo del comedor y, mira por dónde, allí se encontraba el cabrón del teniente Romera, con sus correajes, su pistola, sus botas altas y su enorme humanidad.

—¡A la orden, mi teniente, sin novedad! El grupo del calabozo se presenta para entrar en el comedor.

El teniente Romera le echó un largo vistazo a la formación en línea que yo había organizado y se detuvo frente a Enrique, el Francés, que en ese momento tenía la gorra visiblemente torcida hacia un lado, en plan pasota, como casi siempre la solía llevar.

—¿Tú qué haces, majadero? ¡Ponte bien la gorra! —De un manotazo, le arrancó la gorra de la cabeza, enviándola a varios metros de distancia.

Enrique, el Francés se dirigió hacia donde había aterrizado. Todos creímos que la iba a recoger, pero Enrique, en vez de cogerla, le arreó una patada y la mandó más lejos aún. Todos quedamos perplejos por aquella manera de proceder. Rápidamente, el teniente Romera, cabreado, se plantó delante de él y comenzó a aporrearlo a base de tortazos, patadas y toda clase de golpes.

—Pero ¿¡qué te pasa a ti, so majareta!? —gritaba desaforado el teniente—. ¡Eres un gilipollas! ¿Qué pasa, que te vas a enfrentar a mí? ¡Te vas a tirar en el calabozo toda la mili, so cabrón! ¡Recoge tu gorra y te la pones bien derecha, desgraciado!

Enrique, derribado en el suelo a causa de los golpes, lo pensó unos segundos y recogió su gorra, se la colocó correctamente y se incorporó en silencio a la fila de los reclusos que yo comandaba.

A unas pocas jornadas de la fecha de que se cumplieran los dos meses que me habían impuesto, un nuevo sobresalto vino a alterar mis templados, pero zarandeados nervios. Después de terminar la jornada de trabajo que nos había impuesto el teniente Ulkuru, no recuerdo exactamente qué cometido habíamos realizado ese día, y una vez el grupo encerrado en el calabozo, el soldado de guardia hizo un recuento de nosotros y pronto observó que faltaba alguien, pues solo había nueve y en el grupo en esas fechas solo quedábamos diez reclusos. A este soldado de guardia se le mudó la cara y se puso tan nervioso que abrió la celda con el fusil en las manos y comenzó a contarnos y enumerarnos una vez y otra para comprobar que efectivamente faltaba alguien; le podría caer un buen paquete, pues era el responsable de la vigilancia de la gente del calabozo. Por lo que a mí me afectaba, también estaba un poco mosqueado, pues el teniente Ulkuru, de alguna manera, me había responsabilizado del grupo, aunque solo fuese sobre los trabajos a realizar.

—¡No cuentes más! —le dije al centinela—. El que falta es Ricardo, el chaval ese, el estudiante, que no sé dónde se habrá metido. Yo no me he dado cuenta de cuándo se ha quitado de en medio.

Teniendo aquella noticia de la desaparición de Ricardo, el teniente Ulkuru se presentó en el cuerpo de guardia.

—¡¿Qué pasa aquí!? ¿¡Cómo que falta uno de estos!? —preguntó Ulkuru con una cara de mala leche y dirigiéndose al soldado de guardia.

—Yo no sé nada, mi teniente: he hecho el recuento y falta uno. Me dice ese cabo que el que falta se llama Ricardo —le contestó nuestro guardián.

—¡Cabo Martín! ¿Qué ha pasado? ¿Por qué falta Ricardo?

—¡Yo que sé, mi teniente! Yo no voy a estar contando a la gente a cada momento, para eso está el centinela: que tenga más cuidado con la gente que tiene que vigilar. ¡Ese cabrón de Ricardo! Yo no creo que se haya escapado del campamento porque, si es así, lo pueden buscar como desertor y le pueden caer unos años de castigo —comenté mirando al teniente.

—¡Martín, le doy mi permiso para que lo busque por todas las compañías y por todo el campamento! Si lo encuentra, me lo trae, que ese desgraciado se va a enterar de lo que vale un peine.

Me puse a buscar a Ricardo Fernández por todo el campamento y por todas las compañías, desde la primera a la sexta; me pasé por la cantina y el hogar del soldado, por la cocina y los jardines. Alguien me alertó de que lo había visto en la cantina hacía una media hora, por lo que pensé: «Menos mal que ese capullo no ha salido del campamento. ¿Dónde se habrá metido?». Al final, lo encontré en la tercera compañía, donde hacía un buen rato yo había estado sin verlo: estaba sentado junto a una de aquellas sucias literas conversando tranquilamente con un chaval gay que yo conocía de vista.

—¡Serás cabrón! Te he estado buscando durante toda la tarde por todo el campamento por orden del teniente Ulkuru y tú tan tranquilo dando vueltas por ahí. ¿Por qué te has escapado? Te van a meter un puro que te vas a enterar. El teniente Ulkuru y el teniente del cuerpo guardia te esperan para «felicitarte» —le dije con ironía.

Durante el recorrido, camino al calabozo, le expliqué que le contara al teniente un cuento chino: que se escapó para ver a un amigo de la tercera compañía que estaba enfermo y quería comprobar cómo se encontraba. A Ricardo le pareció una muy buena idea, por lo que la puso en práctica cuando nos presentamos ante Ulkuru.

—¡Aquí se lo traigo, mi teniente! Se había despistado y se encontró con un amiguete que hacía tiempo que no veía y se distrajo charlando con él y contando sus cosas.
—¡Claro, claro, claro! Te vas a librar, Ricardito, porque el cabo Martín es el que me está contando esas mojigangas y él es de lo mejorcito que hay en el calabozo. Por esta vez te vas a salvar y dale las gracias al cabo Martín.
—¡Vaya, hombre! Ahora soy de lo mejorcito de la patrulla —le contesté al teniente Ulkuru mirándolo muy descaradamente—, pues menudos dos meses que me está dando usted, con tanto trabajo y siempre amenazándome.

—Bueno, bueno, entrad en el calabozo y nos dejamos de cháchara.

El guardia de la reja, que ya no era el mismo que el que nos vigilaba cuando Ricardo se escabulló, nos franqueó la entrada con una mirada de sorpresa. Una vez dentro, el resto del grupo nos miró con curiosidad intentando adivinar qué nos traíamos entre manos y qué había ocurrido con la «fuga» de Ricardo; ni Ricardo ni yo hicimos ningún comentario sobre lo acontecido.

Después de todo esto, yo no me imaginaba qué nuevo trabajo se inventaría el teniente Ulkuru para que estuviésemos entretenidos, pero pronto lo pude comprobar. Esa mañana, como otras tantas, salimos a las conocidas escaleras del cuerpo de guardia y, como una película que había visto muchas veces, allí estaba ese capullo teniente caduco masticando su propia dentadura postiza y arrellanado en aquella poltrona desvencijada.

—¡Buenos días, tropa! ¡Buenos días, cabo! —nos saludó el teniente Ulkuru irónicamente.—Ninguno del grupo le respondió: ya estábamos hasta las narices de aquel teniente parásito que solo y exclusivamente estaba allí para hacernos trabajar en lo que fuese. Esta vez solo había sobre el suelo picos, palas y carretillas de mano para transportar arena, ladrillos, sacos de cemento y otros—. Venid conmigo, angelitos, os voy a indicar el lugar y el trabajo que tenéis que realizar —siguió irónicamente el teniente.

Nos encaminó, siempre acompañado por un soldado centinela, a un pequeño descampado junto a la segunda y cerca de la nave donde estaba la gran cocina donde se preparaban todos los «manjares» destinados a la soldadesca del regimiento del campamento Benítez. En ese pequeño descampado, había una zona delimitada de unos quince por quince metros, cercada y pintada con líneas blancas de cemento.

—Este es el sitio donde vais a trabajar durante varios días: tenéis que hacer una zanja, que ocupe toda la zona delimitada, de cinco metros de profundidad. Desde esa, partirá otra de unos diez metros de largo, dos metros y medio de profundidad, y setenta centímetros de ancho.

—¡Mi teniente!, ¿se puede saber para qué tanto boquete y para qué va a servir ese hoyo tan grande? —le pregunté.

—Pues mire, cabo, dentro de ese hoyo, como usted dice, se colocará un depósito de gasoil que abastecerá de combustible a todos los vehículos del regimiento; ya no tendrán que hacerlo fuera del campamento.

—¡Menudo trabajo nos espera, leche! —apunté dirigiéndome al grupo de la "cuadrilla de la muerte".

—Cabo Martín, hay dos soldados que no están arrestados y que os echarán una mano: son expertos en cavar zanjas.

—Y para hacer un boquete en la tierra hay que ser un experto, mi teniente, ¡pues vaya! —le repliqué a Ulkuru.

—¡Ya os enteraréis, ya os enteraréis! —Se alejó dejándonos en aquel lugar con todos los aparejos para hacer el gran boquete.

Al momento, aparecieron dos soldados que, por lo visto, eran los que nos iban a ayudar y que, según el teniente, eran los «expertos» en acequias y canalillos. De momento, se pusieron a darnos órdenes.

—¡A mí no me deis órdenes! ¡Yo soy cabo y no hago trabajos físicos ni de peón! ¡A ver si os enteráis! —le solté a los dos soldados.

—Ya lo sabemos —me contestó uno de aquellos dos soldados, el cual se caracterizaba por tener la tez muy aceitunada; era muy alto y muy fuerte.

Estos dos soldados que nos iban a ayudar a cavar el gran hoyo, cogieron un pico cada uno y sin más preámbulos se liaron a excavar con una precisión y destreza que parecían dos dispositivos de taladrar. A los diez minutos descansaron y el soldado de tez morena nos dijo:

—Habéis visto cómo hay que cavar, ahora os toca a ustedes.

Todos los del grupo del calabozo y algunos mirones nos hallábamos perplejos.

—¡Leche, cómo les cunde a estos dos! —exclamé asombrado.

Con estos dos «expertos», éramos once y nos íbamos turnando en grupos de tres o cuatro. De vez en cuando, interrumpíamos el trabajo para descansar y algunos para fumar algún que otro cigarrillo. El soldado alto y de tez oscura me dijo que era gitano y que en su vida fuera del ejército trabajaba en una cortijada propiedad de un señorito de no sé qué pueblo de Extremadura. De broma, le comenté:

—¡Coño, nunca conocí a un gitano que trabajara tanto como tú! Eres una máquina trabajando, tío.

Sonrió y seguimos hablando de otras cosas. Este soldado era un chico fenomenal que trabajaba como un mulo sin rechistar y dialogaba con una naturalidad y un aplomo impropios de un analfabeto, pues no sabía ni leer ni escribir; era una buenísima persona. Me comentó que estaba realizando un cursillo para aprender. Esto de los cursos estaba a la orden del día y por lo visto el Ejército español los ponía en práctica para fomentar la gran mentira que decía que en la mili la gente se hacía un hombre de provecho y salía sabiendo leer y escribir y alfabetizados, como si el hecho de no saber leer y escribir fuese sinónimo de no ser persona de provecho.

El chico gitano y su compañero excavaban y excavaban sin fatigarse; los del grupo del calabozo se agotaban muy rápidamente y se estancaban a cada momento por el cansancio de aquel esfuerzo. Lo peor vino cuando la zanja, a los tres o cuatro días de excavación, tenía una profundidad de unos tres metros. Ahí sí se demostró que hay que ser experto con la pala para sacar la tierra de aquella zanja y, de una palada, voltearla y sacarla fuera del gran hoyo. El gitano llenaba su pala y de un golpe de brazos y de muñeca echaba la tierra hacia arriba y fuera de la zanja con una facilidad pasmosa. Los del calabozo llenaban sus palas de tierra e intentaban lanzarla fuera, pero la mayoría de las veces la tierra no llegaba hasta arriba y regresaba volviendo a caer sobre sus cabezas, provocando el cabreo y las risas de unos y otros, que se mofaban de la torpeza de los del grupo.

—¡Me cago en mis muertos, no tengo cojones de echar ni una palada fuera de esta mierda de boquete! —decían algunos, cabreados por no saber manejar la pala como lo hacían el gitano y su compañero.

Aquello perduró más de la cuenta, puesto que los únicos que sacaban tierra eran aquellos dos que envió el teniente Ulkuru para que nos ayudaran; así, quedamos en que los del grupo del calabozo picaran y que el gitano y el otro soldado voltearan la tierra fuera de la zanja. Pero ocurrió que, cuando la cosa marchaba más activa y rápida, vinieron unos días de lluvia y aquello se inundó de agua; no veas el fango que se formó allí adentro. Aquello se convirtió en una gran piscina. La lluvia nos vino bastante bien, pues estuvimos descansando varios días sin abandonar el calabozo: solo nos abrían para ir al comedor. Al cabo de unos días, esta cesó y, cuando desapareció el agua acumulada dentro de la zanja y también el barro, persistimos en nuestro trabajo. A los no sé cuántos días, aquella zanja para el depósito de gasoil quedó terminada. Me despedí de aquel chico gitano y currante y de su compañero, dos expertos en sacar tierra de toda clase de fosos.

Una vez consumados esos infernales dos meses de arresto, un día por la mañana y al toque de diana, llamé al centinela a través de la reja y le dije que me llevara ante el teniente de guardia porque yo había terminado mi estancia en el calabozo. Aquel soldado llamó a un compañero para que informara al teniente de que yo había cumplido mi arresto. De inmediato, me llevaron ante su presencia.

—¡A la orden, mi teniente! Hoy cumplo los dos meses de arresto y tengo que salir para presentarme en mi compañía ante el capitán Pontón.

Aquel teniente consultó unos papeles que tenía sobre la mesa y de entre ellos buscó unas hojas con mi nombre; los ojeó y me dijo:

—Efectivamente, cabo, hoy cumple usted sus dos meses de arresto y, por lo tanto, se puede marchar a su compañía. Procure usted no volver jamás por aquí. —Aquel teniente firmó unos papeles y me despidió.

Salí pitando hacia mi compañía sin despedirme de ninguno de los personajes de aquel calabozo; en realidad, había terminado hasta las narices de aquella panda de cabrones, gilipollas y analfabetos. Desde aquel preciso momento, me prometí no pisar jamás uno e intentaría por todos los medios encontrar la forma de escabullirme de cualquier trabajo; por el contrario, me inscribiría a cualquier curso o asignatura en la cual me rebajaran los servicios y no estuviera en la compañía a disposición de que me endilgasen algún trabajo no deseado.

El comienzo de una nueva etapa

Una vez instalado en mi compañía, me dirigí directamente hacia el despacho del capitán Pontón. Pregunté por él y su asistente me dijo que en ese momento no se encontraba y que estaba reunido en el edificio de la plana mayor, que me avisaría cuando apareciera por allí.

Algunos de mis compañeros cercanos a mi litera me saludaron y me dieron la bienvenida. Me encaramé a ella y abrí mi taquilla para comprobar si faltaban algunas de las cosillas que dejé cuando ingresé en el calabozo. Comprobé que no me faltaba nada (no poseía nada de gran valor), pero inmediatamente me di cuenta de que mi manta me la habían cambiado por otra más vieja: la mía era nueva y muy suave, de color claro muy bonita, como si fuese de piel de camello. Esa manta, que era inconfundible, me la había dejado un veterano que se había licenciado y se había hecho muy amigo mío. Le pregunté a algunos soldados si sabían quién me había dado el cambiazo de la manta y uno de ellos me dio información sobre quién podía tenerla.

Me dirigí a la litera y al camastro donde me habían indicado que podía encontrarse y, efectivamente, allí estaba aquella bonita manta y, junto a ella, el infeliz que me la había sustraído y que estaba hablando con un par de soldados. Yo conocía a la mayoría de los doscientos y pico infantes de la segunda, pero a este individuo no lo recordaba, quizás sería porque, después de dos largos meses, algunos factores y soldados habían cambiado dentro del recinto. Lo miré fijamente y me pregunté cómo ese tío, con la cara de pazguato que tenía, había tenido la desfachatez de cambiarme la manta. ¿A ese individuo no le habían advertido de que podría tener un gran problema conmigo?

—¡Oye, chaval! ¿De dónde has sacado esa manta tan bonita? —le pregunté mirándolo fijamente a los ojos, con cara de mala leche.

—Esta manta me la entregaron en la *furrielería* —me dijo sin mucha convicción.

—¡Mira, chaval, ahora mismo me vas a dar la manta! Esa manta es mía y tú en mi ausencia me la has robado y me has dejado otra más vieja. La conoce todo el mundo en la segunda y saben que es del cabo Martín, o sea, mía; de modo que ya estás devolviéndomela.

—¡Esta manta es mía y no te la vas a llevar! —me respondió aquel soldado tontaina apoltronándose sobre ella para evitar que la cogiera.

Como siempre que cualquiera pisoteaba mis derechos o se apropiaba de algo de mi pertenencia, reaccioné con vehemencia e impetuosamente. Sin pensarlo dos veces, arremetí sobre aquel individuo que, sorprendido por mi ataque, cayó de mala manera, quejándose de que le dolía no se qué y que se iba a la enfermería y diría que yo le había pegado una paliza. Por casualidad, toda aquella escaramuza fue contemplada por algunos de los soldados que se encontraban en el lugar y también por un cabo muy amigo mío al que todos apodábamos el Pringadera porque al pobre chico le caían todos los servicios de la compañía. Este cabo me había seguido intranquilo pensando que me podía meter en un nuevo lío con aquel rollo de mi manta. El cabo Pringadera tomó la palabra y siguió recriminando al soldado que me había sustraído la manta y que se quejaba de que le dolía la espalda o no sé qué, amenazándome de que me iba a denunciar al comandante médico.

—¡Oye, muchacho! Si vas con el cuento de que te han pegado y se lo cuentas al comandante médico, me voy en busca del capitán Pontón y le digo que tú le has robado la manta al cabo Martín. Ya sabes que al capitán no le gustan los ladrones, de modo que devuélvele la manta y búscate la vida por ahí. Eres tonto, todo el mundo sabe que la manta del cabo Martín es diferente a las demás.

Mientras el cabo Pringadera le soltaba aquel sermón al tontorrón, yo tenía mi manta en mi poder y me estaba retirando hacia mi pasillo y hacia mi litera. A los tres minutos, este se sentaba junto a mí intercambiando impresiones sobre el incidente: me comentó que el tonto ese no me iba a denunciar a nadie porque se había asustado cuando había nombrado al capitán Pontón; y seguimos hablando sobre los dos meses de mi calabozo.

—¡Cabo Martín —gritaba desde el fondo de la compañía un soldado—, el capitán te llama!

Me dirigí al despacho del capitán Pontón.

—¡A la orden, mi capitán! ¡Se presenta el cabo Martín!

Yo no había hablado nunca con este capitán, pero con los pocos meses que llevaba en el ejército y en la segunda compañía, ya sabía del pie que cojeaba el capitán Pontón y de la mala uva que se gastaba ese hombre.

—¡Vaya, hombre! Ya está fuera del calabozo, cabo Martín. Ya tenía ganas de conocerlo porque el haber permanecido durante dos meses encerrado es bastante grave. —Yo aguanté firme y callado mirando imperturbable a ese capitán sin demostrar ninguna actitud, simplemente inexpresivo—. Ya sé que el teniente Romera fue el que le envió al calabozo y se pasó de castigo con usted, pero yo no podía revocarle esa orden porque estaba el coronel de por medio —me aclaró con una gran naturalidad hasta el momento desconocida.

Escuchando todo aquel comentario, pensé que, efectivamente, con este coronel en jefe que mandaba en el cuartel de Benítez, todos los mandos estaban cagados y con la mosca tras la oreja: era un pedazo de cabronazo y, por lo tanto, todos los jefes y mandos se convirtieron en la misma calaña. Nadie quería responsabilidades y le pasaban los marrones a los que estaban por debajo en el escalafón. Hubo un pequeño paréntesis, momento que aproveché para reiterarle:

—¿Desea alguna cosa más, mi capitán? ¿Puedo retirarme?

El capitán Pontón me echó una mirada durante varios segundos, como pensando cómo un simple cabo le hablaba así, sin inmutarse y sin demostrar ni un atisbo de miedo ante él, el peligroso e hijo de puta capitán Pontón.

—¡Puede retirarse, cabo! Ya nos veremos más adelante… ¡Espere un momento! Aquí tengo una nota de un pase pernocta suyo, pero no se lo puedo entregar porque ya no le servirá para nada: al haber estado castigado en el calabozo, ese pase pernocta queda anulado. Además, también tengo aquí una orden del coronel del campamento que me comunica que usted no podrá salir de este acuartelamiento durante el resto de su servicio militar. ¡Lo siento, cabo, puede retirarse! Y recuerde: no puede salir del campamento hasta que se licencie.

Antes de volverme para marcharme, le dije:

—Mi capitán, ¿y no podría usted hablar con el coronel para darme algún permiso y que yo pueda salir de vez en cuando del campamento?

—Lo siento, cabo, pero una orden del coronel hay que respetarla y, además, aunque yo hablara en su favor, no me haría ni puñetero caso. Este coronel es…

Mi espíritu se serena: encargado del material deportivo

Todo el resto del día me lo pasé reflexionando sobre la manera de atravesar el resto de la mili sin dar golpe y sin hacer ningún servicio. Pregunté por el cabo primero Patxicoa y me dijeron que no lo veían por la compañía desde hacía dos o tres días; también estuve hablando con el cabo Pringadera y con otros cabos amigos míos sobre cómo hacer para que lo que me quedaba de mili, que era mucho tiempo, estuviese tranquilo, sin problemas y sin servicios, ya que en adelante no podría salir del cuartel durante todo ese tiempo. De momento, me dijeron que había un curso de Electricidad y otro de Instructor para enseñar a los reclutas a desfilar y también sobre el manejo de las armas. En aquella época, el Ejército se «esmeraba» en realizar cursos de todas clases y en especial sobre aprender a leer, a escribir y las cuatro reglas que eran las competencias básicas que toda familia quería para sus hijos, visto el alto grado de analfabetismo en el que se encontraba nuestro país en aquellos momentos. De momento, me apunté al curso de Electricidad, que era de nueve a una del mediodía y duró una semana, con lo cual durante esa me libré de todo servicio; después de almorzar, me tumbaba en mi litera para leer algo y a veces repasar las cartas que me mandaba mi novia Rafi; otras veces me llamaban los amigos para echar alguna partida de parchís o damas con algunos de los compañeros, aunque al parecer me volví un tipo un poco taciturno y la soledad me tranquilizaba. Creo que mi estancia en el calabozo me dejó un poco tocado de espíritu.

A los dos o tres días, me tropecé con el cabo primero Patxicoa, que se alegró mucho de verme.

—Cabo Martín, ¿cómo estás, coño? ¡Me alegro de verte, ya tenía ganas de charlar contigo!

—Mi primero, ¿qué tal? ¿Cómo estamos? Estuve preguntando por usted cuando salí del calabozo, pero nadie sabía por dónde andaba. —Dependiendo del momento y la situación, al primero Patxicoa lo llamaba de tú o de usted.

—He estado cuatro días fuera del campamento realizando unos cursillos que me interesaban —me comentó.

—Pues yo me he matriculado a unos cursos de electricidad, por trabajar en algo y también para estar rebajado de servicio.

—Haces bien: cuanto menos hagas, mejor que mejor, porque ya me he enterado de que no puedes salir del campamento durante toda la mili.

Estuvimos intercambiando impresiones sobre varias cosas y de cómo me ayudó el día en que mi novia Rafi se presentó en el campamento para visitarme cuando yo estaba en el calabozo.

Terminó aquella semana y acabé el curso de Electricidad, del cual no saqué nada positivo, pues no aprendí casi nada: aquello era un curso muy básico y no servía para nada; bueno, al menos estuve tranquilo. Al día siguiente, después del desayuno y como caído del cielo y en compensación por los dos meses que soporté atormentado en el calabozo, apareció un soldado preguntando por mí. El soldado de la puerta de entrada de nuestra compañía me llamó pegando voces y me avisó de que me buscaban. Me planté en la puerta.

—Cabo, el teniente Vera quiere hablar contigo. Está en el cuerpo de guardia.

—Oye, ¿para qué me reclama ese teniente? Yo no lo conozco de nada.

—Pues no tengo ni idea: yo estoy de guardia y me ha dicho que te llame, pero no sé de qué quiere hablar contigo, cabo.

Me llegué al cuerpo de guardia y me presenté al teniente Vera, un tipo de cuerpo atlético y buena presencia, con buenos modales, de unos cuarenta y tantos años.

—¡A la orden, mi teniente! Se presenta el cabo Martín. ¿Qué desea, mi teniente?

—Mire, cabo Martín, el soldado Antonio Mata estaba encargado de todo el material deportivo del campamento y me ha hablado mucho de usted. Me ha comentado que usted ha practicado atletismo y otros deportes; por tanto, si está de acuerdo, le voy a poner a cargo del material deportivo para que lo clasifique y me dé un informe de lo que tenemos y de lo que crea que se necesita para adiestrar a los reclutas en el deporte, y también para aprovechar a ver si salen algunos buenos deportistas entre los soldados para así poder competir. Claro está, estaría rebajado de servicio y a mis órdenes: ya hablaría yo con el capitán Pontón para que lo deje.

Recordé el nombre de Antonio Mata, un amigo deportista de mi barrio que practicaba el boxeo y otros deportes, pero solo lo había visto un par de veces por el campamento. No lo medité ni un segundo y, pensando en que mi suerte estaba cambiando, respondí al teniente Vera:

—Yo estoy de acuerdo, mi teniente, no tengo ningún problema. ¿Cuándo empiezo?

—Mañana te presentas sobre las nueve en el bar de oficiales: desayunamos juntos, yo invito, y ya te voy explicando los objetivos que me propongo y todo el material que hay acumulado y desordenado en ese almacén.

Me encaminé hacia la segunda cantando bajito y augurando que en las próximas jornadas mi suerte cambiaría para bien. Una vez en la compañía, le expliqué al cabo primero Patxicoa el encuentro con el teniente Vera; me dijo que ese tío era un teniente muy legal y una buena persona: era beneficioso que me pusiera a sus órdenes; además, estaría rebajado de todo servicio.

A la mañana siguiente, estuve degustando un buen desayuno, hacía tiempo que no desayunaba tan bien, e invitado por el teniente Vera, que me estuvo adelantando algunas de sus ideas y de lo que quería implantar en el tema deportivo. Me condujo a un pequeño edificio junto al campo de fútbol y me entregó las llaves de dicho almacén.

—Entremos. Ahora ya es usted el responsable de todo lo que hay dentro. —En el interior del cobertizo, había una gran cantidad de elementos y aparatos deportivos: balones, aparatos de gimnasia, aros de baloncesto, discos de lanzamiento, bolas de hierro de cinco y siete kilos de pesos, jabalinas, redes y otros objetos deportivos;

o sea, un arsenal—. Mire, Martín, lo que yo quiero es que todos los soldados de este campamento pasen por unas pruebas y un control deportivo, que usted mismo se encargará de diseñar, para valorar la capacidad de cada soldado.

Aquello se presentaba como un reto para mí, que, aunque por el momento lo viera un poco complicado, me entusiasmaba y me levantaba un ánimo últimamente devaluado.

Una vez que pude ordenar todo aquel desorden de materiales deportivos, cité al teniente Vera para que ojease cómo había quedado el almacén.

—¡Joder, Martín, qué bien ha quedado esto! Todo está muy ordenado.

—Hay cosillas que tendrán que arreglarse, mi teniente, pues algunas están un poco deterioradas.

—Martín, me anotas las cosas que están rotas y ya me encargo yo de que las arreglen o traigan nuevas. —Y ahí quedó la cosa.

A los dos días, el teniente Vera se presentó en el almacén deportivo y me dijo que su proyecto se ponía en marcha y que la primera compañía pasaría al día siguiente por el campo de fútbol para realizar las pruebas deportivas que yo había diseñado. Por la mañana, se presentaron casi doscientos soldados en pantalón corto de deporte para realizar aquellas pruebas; al frente de estos, el teniente Vera, también en pantalón deportivo. Uniformado con un chándal del Ejército que me había facilitado el teniente y un silbato en la mano, me presenté. Vera me entregó una lista con los nombres de los soldados allí presentes y uno a uno fueron pasando por todas las pruebas que yo había programado: un circuito deportivo con diferentes aparatos y elementos. También iba puntuando, según mi criterio, a cada uno de los soldados según sus aptitudes físicas. Saltos sobre el potro y el plinto, lanzamientos de peso, disco y jabalina, saltos de altura y longitud, y algunas pruebas más; yo iba anotando los nombres de los soldados que destacaban en algunas y se los entregaba al teniente Vera, que iba tomando muy buena nota de todos los apuntes que yo le pasaba.

Uno de esos días, el teniente me comunicó que al día siguiente se presentaría la segunda compañía, a la que yo pertenecía, para realizar aquellas pruebas. Efectivamente, puntualmente se presentaron todos los soldados de la segunda y, al frente de ellos, el capitán Pontón, cabronazo donde los haya y con una mala leche de aquí te espero.

—¡A la orden, mi capitán! —me presenté ante él—. Cuando usted quiera podemos empezar las pruebas.

—¡Hombre, cabo Martín, está usted aquí! Ha encontrado un buen destino. —Pensaba yo cómo ese tío se había quedado con mi nombre y lo recordaba tan bien—. Cabo Martín, ¿por dónde comenzamos? —me gritó después de formar a toda la compañía.

—Comenzaremos por los saltos de altura y de longitud, y luego, más tarde, seguiremos con el potro y el plinto, mi capitán.

—¡Pues venga, vamos, no perdamos más tiempo!

Allí no faltaba nadie de la segunda compañía: estaban todos los cabos primero, los sargentos y todos los tenientes; pero estos mamones no se pusieron las pilas y no hicieron ni una prueba, sino que estaban allí porque estaba el capitán y solo hacían acto de presencia. La totalidad de los soldados realizaron aquellas pruebas de salto de altura y longitud, y, a continuación, comenzaron las del potro y plinto. La cosa iba bien hasta que le tocó el turno a un recluta gordote y fofo: el chaval no podía ni con su alma y, a la hora de saltar por encima del potro, se frenaba y golpeaba su oronda barriga con aquel obstáculo. Lo intentó un par de veces, pero no tenía la suficiente agilidad para salvar aquella barrera y muy sencilla prueba atlética.

—¡Cabrón, salta de una vez, desgraciado! —se oyó gritar enfadado al capitán Pontón.

Al chaval se le vino el mundo encima: se puso muy nervioso al escuchar el grito, pues sabía que el capitán tenía fama de cabrearse por cualquier cosa y sin motivos, y de liarse a hostias con el primero que pillara, descargando su furia en él. El recluta lo intentó de nuevo, pero volvió a frenarse y tragarse el potro con su barriga.

—¡Inútil! ¡Soldado de mierda! ¡Está salvada la compañía con gente como esta! —comentaba a voces el cabrón del capitán Pontón.

Contemplando aquella afrentosa y dramática escena, mis entrañas se revolvían: para algunos podía ser ridícula e incluso motivo de risa, pero a mí aquello se me quedó clavado para toda la vida. Allí estaba yo, impotente, sin poder hacer nada por aquel pobre recluta, ya que de haber intervenido me hubiese buscado un buen lío. Después de forzarlo a que hiciera varios intentos más, el capitán desistió y lo dejó por imposible, y, haciendo un aspaviento de desprecio, se marchó acompañado de algunos tenientes hacia otra zona del área de las pruebas deportivas.

De allí salieron varios soldados a los que se les daba muy bien las carreras de fondo, algún que otro, el salto de longitud y uno que destacó en el lanzamiento de peso: yo lo bauticé con el apodo del Niño de la bola. Bajito, con una musculatura fuera de lo normal, parecía un culturista; era curioso, pues provenía de un pueblo de la serranía de Cuenca de cuatro habitantes y medio. El chaval era analfabeto y muy espontáneo. El día que cogió y veía por primera vez la bola de hierro de siete kilos, la sopesó mirándola y quizás preguntándose para qué serviría aquella herramienta. Me miró y me dijo:

—Cabo, ¿qué hago con esto?

—Colócate ahí y lánzala lo más lejos que puedas, con todas tus fuerzas. Si la tiras muy lejos, a lo mejor te dan un permiso —le añadí de broma.

Se me quedó mirando, creyendo que lo del permiso podía ser verdad. Levantó la bola y de una forma poco ortodoxa tiró la pesa y la mandó al quinto carajo con una fuerza descomunal.

—¡Hostia! —exclamé—. Espera que voy a medir esa distancia.

No recuerdo la distancia que alcanzó en su lanzamiento el Niño de la bola, pero para aquella época, sin técnica, sin posicionamiento, sin giros y sin ninguna práctica ni conocimiento aquel lanzamiento podía tener visos de una muy buena marca. Se lo comuniqué al teniente Vera y él se hizo cargo de este chaval y de varios a los que se les daba muy bien la carrera atlética.

Pasadas unas pocas semanas en las cuales mi vida militar discurría la mar de placentera con mi obligación de encargado del almacén deportivo, se presentó un teniente desconocido para mí y me comunicó que al teniente Vera lo habían destinado a otro cuartel o destacamento militar. El almacén deportivo se iba a cerrar, pues el coronel pensó que no le hacía falta tanto deporte al destacamento, y que le entregara la llaves, me incorporara a mi compañía y me presentara a mi capitán. Me extrañó mucho que el teniente Vera, que era una persona muy civilizada, no hubiera tenido la deferencia de despedirse de mí y que desapareciera de repente, pero bueno, qué le íbamos a hacer si las cosas se presentaban así. Me dirigí a mi compañía y me presenté al capitán Julián Pontón:

—¡A la orden, mi capitán! ¡Se presenta el cabo Martín! ¡Me incorporo a la compañía porque ya no estoy encargado del almacén deportivo!

—Coño, ¿qué ha ocurrido? ¿Y el teniente Vera dónde está?

—Pues no lo sé, mi capitán, ni se ha despedido de mí. No sé lo que ha pasado.

—Bueno, ya me enteraré de qué ha podido ocurrir con esto. De un tiempo para acá en este cuartel las cosas se han desquiciado… ¡Ah, cabo Martín, —me dijo cuando me marchaba—, va a pasar usted de estar muy tranquilo a tener unos días de mucho trabajo!

—¿Qué pasa, mi capitán, con eso de unos días de mucho trabajo? —le pregunté cuando me volví.

—Sí, es que nos vamos todo el regimiento una semana de maniobras por la Sierra de Grazalema. Al coronel le ha dado por ahí, de modo que a joderse, qué le vamos a hacer.

Después de este comentario, comprobé que a mi capitán Julián Pontón no le hacía ninguna gracia eso de ir de maniobras ni que tampoco le caía bien aquel coronel en jefe del Regimiento Aragón 17 del campamento Benítez.

Maniobras en el infierno

Como ya me dijo el capitán Pontón, a los dos días, un lunes, reunieron a la compañía y nos dijeron que nos preparáramos, pues nos íbamos a la Sierra de Grazalema para realizar unas maniobras militares (ejercicios de adiestramiento de guerra). Tenían que entregarnos todos los pertrechos necesarios para el combate y también material de supervivencia, ya que permaneceríamos una semana en la naturaleza haciendo algunos «juegos de guerra»; así que iríamos cargados como mulas con todo aquel equipo de combate.

El día señalado, se puso en marcha todo el Regimiento Aragón 17 del campamento Benítez, aproximadamente un total de unos mil doscientos militares y mandos; nos trasladaron a la estación de trenes y desde allí, no recuerdo cómo, llegamos a una zona agreste y de difícil acceso de la famosa y salvaje sierra andaluza. A cada compañía se le asignó un amplio sector para su ubicación y a cada tienda también le fue establecido un pequeño terreno. Nos repartieron en grupos de doce y a cada grupo nos entregaron una enorme tienda de campaña de una lona muy fuerte, la cual tuvimos que montarla entre todos, no sin grandes esfuerzos, pues tenía su dificultad a la hora de ensamblarla.

Por la sierra, de maniobras

La puesta en escena de nuestro regimiento fue apoteósica, colosal, como se puede imaginar: el tener a más de mil soldados en plena sierra durante una semana demandaba una planificación y unos medios considerablemente complejos, y la gran mayoría de aquellos jefes militares no estaban capacitados para dirigir a tal cantidad de soldados, puesto que jamás habían participado en una operación militar de ese calado. Eso sí, no faltaba el menor detalle: desde una gran carpa con todas las comodidades habidas y por haber en la cresta de una loma, se alojaba aquel cabrón del coronel, que divisaba a todo su Regimiento Aragón 17 y a todos aquellos desgraciados soldados que pertenecíamos a él. Otras carpas un poco más pequeñas, donde se alojaban el resto de los jefes y oficiales de menor rango, destacaban alrededor de la de aquel nocivo y severo coronel.

A media mañana, todo estaba dispuesto y cada cosa en su sitio: cada uno de nuestro grupo de once soldados y yo, como cabo Martín, habíamos ocupado diferentes superficies dentro de la enorme tienda de campaña con nuestros petates y colchonetas. Al toque de corneta, todas las compañías formaron delante de sus tiendas de campaña y cada capitán de compañía explicó a sus soldados el programa de esas maniobras. Nuestro capitán Pontón también se presentó delante de todos nosotros y nos fue explicando todo lo concerniente a las de esa semana; una vez terminada la conferencia, nos dijo:

—Romped filas y marchaos a descansar, mañana será un día bastante duro porque tenemos que hacer una marcha de varios kilómetros.

Rompimos filas y nos marchamos hacia nuestras tiendas. Los petates y camastros estaban dispuestos formando una circunferencia, dejando el centro de aquel espacio despejado. Aquella noche dormí poco y descansé menos porque el terreno donde se había colocado la gran tienda tenía una pequeña inclinación y cuando me encontraba acostado durmiendo, de vez en cuando tenía que rectificar mi posición, pues yo me resbalaba sobre un costado y la colchoneta.

Al escuchar el toque de diana, salimos como cohetes y formamos equipados con todos nuestros pertrechos, propios de unas maniobras militares. Nos pusimos inmediatamente en movimiento sin ninguna pérdida de tiempo y, cargados con todo nuestro equipo, echamos a andar al paso alegre de la paz, sin saber a dónde íbamos y cuántos kilómetros teníamos que recorrer.

—¿Dónde cojones nos van a conducir estos mierdas? —le comentaba en voz baja a mi amigo el cabo Pringadera, que caminaba junto a mí.

—¡Yo que sé, Martín! Este coronel no nos va a dejar tranquilos en toda nuestra mili —contestó el Pringadera, también en voz baja.

Al poco rato, se acercó el primero Patxicoa, que marchaba fuera de la formación, atento a los diferentes grupos de la segunda compañía.

—¿Qué? ¿Cómo vas, Martín? ¿Qué te parece el numerito? —Se dirigió a mí en voz bastante alta, sin importarle que lo oyeran.

—Mi primero, que lo van a escuchar y a ver si le van a meter un paquete. Hable más bajo.

—¿Qué te ocurre, Martín? ¿Después de dos meses en el calabozo, pasándolas canutas, vas a tener miedo de estos mierdas?

—¡Y una leche, mi primero! Yo no le tengo miedo a nada ni a nadie del regimiento, lo que pasa es que no tengo ganas de hacer más mili además de los dieciocho meses que tengo que estar aquí.

Como es lógico y evidente, todos los individuos que se incorporaban al Ejército español podían tener características opuestas y vidas muy diferentes; por lo tanto, unos podían ser más fuertes y resistentes que otros y tener más fuerza de voluntad para el sacrificio. Así, después de pasadas dos o tres horas de caminar a un buen paso y cargados como mulas, subiendo por algunos repechos muy pronunciados y por pedregales interminables, algunos soldados, los más débiles o malcriados en sus casas, caían rotos de agotamiento y tenían que ser atendidos por unos enfermeros que venían a recogerlos.

—Bueno, a ver cuántos quedamos de seguir así —le comenté al Pringadera sin dejar de caminar.

Pasado otro buen rato y después de ver caer desfallecidos y deprimidos a unos cuantos soldados de la segunda compañía, nos paramos a descansar en un claro de aquella sierra interminable.

—¡Alto a la compañía! ¡Soldados, descansen! —gritó un sargento de la segunda.

Nos sentamos y de inmediato apareció el capitán Julián Pontón. Yo no sé cómo ese tío llegó hasta allí, pues durante las dos horas y pico que duró esa caminata no lo vi por ningún sitio. Me imagino que para llegar a aquel claro del bosque existiría un atajo más fácil para los jefes y mandos, porque era imposible que el obeso y cabronazo del teniente Romero y el físicamente impresentable capitán Pontón tuviesen redaños para resistir aquella marcha y cuestas.

—¡Soldados de la segunda, —vociferó el capitán—, después de este corto descanso iniciaremos unos movimientos y ejercicios que consistirán en unas maniobras envolventes para asaltar la posición enemiga, que se encuentra situada detrás de aquel montículo!… —Y bla, bla, bla: siguió hablando a voces aquel mostrenco.

En un momento determinado, la compañía se puso en marcha en dirección a aquel montículo que se hallaba a un par de kilómetros. Al frente de los doscientos y pico de soldados, iban los sargentos y los cabos primeros, que comenzaron a apremiarnos gritando:

—¡Vamos, vamos, más rápido! ¡Coño, corred más, hay que llegar a ese grupo de chaparros en dos minutos!

Durante esa carrera para alcanzarlos, un grupo de quince o veinte soldados, entre los que yo me encontraba, nos topamos con unas chumberas que estaban a unos cincuenta o sesenta metros frente al grupo. Junto a mí, el cabo Pringadera y cuatro o cinco soldados seguíamos corriendo y penetramos entre ellas, esquivando los aguijones de las grandes y peligrosas pencas. Algunos de los que corrían a mi derecha e izquierda evitaron los cactos de chumbos y dieron un rodeo para no entrar en tan peligrosa zona.

—¡Alto! —ordenó un sargento cuando llegamos al grupo de chaparros—. ¡Vamos a descansar aquí durante media hora, después continuaremos!

En ese momento, apareció el capitán Pontón gritando y dirigiéndose a toda la compañía, directamente a cuatro soldados en especial.

—¡Tú, tú, tú y tú! —señaló—. ¿Por qué habéis rodeado las chumberas y no habéis pasado entre ellas como lo ha hecho el cabo Martín y unos cuantos soldados más? Yo quiero en mi compañía soldados decididos y sin miedo.

«¡Arrea! —pensé—. Este tío ha estado observando quiénes han entrado en las chumberas y quiénes las han rodeado. ¡Será cabrón!». Lo que vino a continuación es inenarrable y no se lo deseo a nadie: el capitán Pontón señaló a los cuatro o cinco soldados que habían evitado los espinos, los situó delante de las pencas y les gritó ante la expectación y asombro de toda la segunda compañía.

—¡Cobardes! Vais a salir corriendo y vais a atravesar las chumberas, y cuando yo grite «cuerpo a tierra», os tiráis inmediatamente al suelo de cabeza. ¿Os habéis enterado? ¡A correr, coño!

Los cuatro o cinco soldados comenzaron a correr en línea recta hacia las pencas de chumbos y, faltando un par de metros para llegar a ellas, se escuchó la voz del capitán Pontón gritando «cuerpo a tierra». Cargados con todos los pertrechos de guerra y con el Mauser en sus manos, los soldados se lanzaron al suelo, pero desviándose y evitando caer encima de las pencas de chumbos.

—¡He dicho que os tiréis al suelo sin evitar las pencas, hijos de puta!

Los puso otra vez frente a las chumberas y los hizo comenzar de nuevo aquella carrera hacia aquel maldito obstáculo. Después de varios intentos y de comprobar que aquellos soldados no tenían los cojones suficientes para caer encima de las pencas o que no eran tan tontos como para tirarse sobre aquellos cactos y se desviaban, el capitán Pontón los puso a un metro de los pinchos y gritó:

—¡Adelante y al suelo, coño! ¡He dicho al suelo, cagones!

A aquellos quintos no les quedó más remedio que tirarse encima de las pencas, temiéndole más al capitán Pontón que a aquellas malditas agujas. Esos pobres mozos vivieron una experiencia espantosa que no olvidarían nunca.

Recuerdo un detalle que nos hizo reír a todos los que presenciamos aquella escena, pues recorriendo la distancia para alcanzar aquel montículo donde se imaginaba que se encontraba el reducto enemigo, tuvimos que precipitarnos corriendo por una pendiente muy pronunciada. A nuestro lado, se encontraba el cabo primero José Mendoño Matamala, que también se lanzó cuesta abajo, a carajo sacado, junto al resto de la compañía. Una vez en el fondo de la cañada y al final de aquella cuesta superinclinada, se escuchó una voz y una orden:

—¡Alto a la compañía, no deis un paso más!

Todos frenamos en seco, unos al final y otros a mitad de aquella bajada endiablada, menos uno que seguía corriendo porque no sabía cómo frenarse, ya que su peso corporal de unos ciento treinta kilos le impedía detener su carrera. Todo el mundo observaba riendo dónde terminaría la descontrolada carrera del cabo primero Mendoño Matamala. Ese tío mendrugo no sabía cómo pararse hasta que encontró un árbol que se cruzó por su camino y se dio de bruces con él, dándose un tortazo tan fuerte que terminó rodando por los suelos dolorido y lleno de barro hasta el cielo de la boca. Después de esta peripecia tan graciosa, no sabíamos ni por dónde nos encontrábamos ni la situación de aquella famosa loma enemiga ni lo que estábamos haciendo ni qué clase de maniobras estábamos realizando.

—¡Compañía, recoged toda vuestra dotación! —gritó aquel sargento—. ¡Volvemos al acantonamiento! ¡En marcha!

El total de las compañías llegamos a donde estábamos acampados y nos alojamos en nuestras respectivas y enormes tiendas. Estábamos agotados de la pésima jornada y de todas las carreras que nos habían metido. Me derrumbé sobre mi camastro, un pequeño colchón que no evitaba que se me clavaran algunas piedras del suelo, y los once soldados que formaban el resto de la tienda siguieron mi ejemplo, pues todos estábamos rendidos. Dormitamos un poco y, pasado un par de horas, formamos de nuevo para dirigirnos donde se encontraba la cocina de campaña y recoger nuestra triste cena. Una vez que terminamos de «cenar» en nuestra tienda, nos dispusimos a «descansar» y poder dormir lo suficiente para estar dispuestos para la próxima jornada, pues no sabíamos lo que nos esperaba en los días venideros. Muy pronto, el sueño me invadió y quedé dormido sin mediar palabra con ninguno de los que habíamos bajo la carpa de lona; pero no sé el tiempo que pasó cuando noté que me estaba mojando y que el suelo de tierra en que se encontraba mi colchoneta comenzaba a deslizarse cuesta abajo.

—¡Me cago en la leche que mamó el demonio! ¿¡Qué pasa aquí!?

Me levanté y tenía parte de mis pantalones empapados (todos dormíamos con los pantalones puestos, pues el frío de esa serranía de Grazalema era muy intenso). La colchoneta se había deslizado por el terreno inclinado a causa del pequeño declive en el que se había emplazado la gran tienda de campaña de lona fuerte. En plena oscuridad, lloviendo a cántaros y la mayoría de los delgados colchones casi flotando a través del barro formado por el agua que se filtraba por debajo de las tiendas. Era el caos y aquella noche no se pudo dormir dentro de aquel cubículo lleno de lodo.

En un momento donde la lluvia nos dio un respiro, buscamos un lugar más idóneo para volver a montar aquella gran tienda. Terminados de asentar en el nuevo emplazamiento, nos dedicamos a extender las prendas mojadas en unas cuerdas para intentar que se secaran y las colgamos en el interior. Esa horrible noche no dormí ni descansé casi nada con tanto ajetreo de desplazar la tienda, de cambiarme de ropa y de ponerla a secar.

Al amanecer, cuando estaba cogiendo de nuevo el sueño, resonó el toque de diana: «¡Tararí, quinto, levanta! ¡Tira de la manta…!».

—Pero bueno, ¿nos van a levantar ahora con la paliza que nos metieron ayer? —comenté.

Algunos compañeros de mi tienda, que estaban más extenuados que yo, protestaban y se lamentaban de tener que levantarse estando tan rendidos. Salí fuera y miré hacia un cielo entoldado y cargado de nubes oscuras: caía una fina lluvia que no era muy intensa, pero que calaba poco a poco. La compañía formó para pasar lista y desayunar en medio de aquel bucólico paisaje. De improviso, hizo acto de presencia el capitán Julián Pontón y, bajo aquella fina lluvia, aquel capullo se puso a sermonear a la tropa.

—¡Soldados de la segunda compañía, ya sé que el día de ayer fue bastante duro, pero el coronel ha decidido salir hoy también de maniobras a pesar de la lluvia! ¡No es muy fuerte y quizás cese durante la mañana, por lo tanto, nos pondremos en movimiento en el momento en el que se determinen los objetivos para el día de hoy! ¡Tenemos que demostrar que nuestra compañía, la segunda, es la mejor de todo el regimiento, de modo que no permitiré ningún desfallecimiento ni lloriqueos por parte de nadie, ya habrá una tregua para poder recuperarse de estas jornadas! ¿Entendido, soldados?

A los veinte minutos, nos pusimos en marcha en dirección contraria a la del día anterior y esta vez ni se molestaron en indicarnos cuáles eran aquellos objetivos que teníamos que alcanzar. Estuvimos más de una hora caminando en formación militar, a paso bastante rápido y cargados con el peso de todos los arreos básicos para poder iniciar una guerra, que pesaban aún más, pues algunos estaban mojados de la noche anterior. Llevábamos puestos nuestros tabardos para protegernos de la lluvia: el panorama se presentaba lluvioso. Nos íbamos acercando a unas depresiones y barrancos naturales de dimensiones considerables: era un lugar extraño, un paraje natural muy peligroso por las hondonadas y barrancas que escondía. Una vez en aquel terreno, nos explicaron que teníamos que cruzar aquella zona a la carrera, pero haciendo paradas de cuerpo a tierra cada cuarto de hora. Atravesar aquella extensión a la carrera era peligrosísimo, había unas bajadas de una inclinación exagerada.

—¡Adelante la segunda compañía! —vociferó el teniente Báez, aquel militar bastante cabroncete y muy joven que creía que el Ejército era el ombligo del mundo y que las órdenes había que cumplirlas a muerte, fueran lógicas o no, tuviesen sentido o no. Yo creo, sin error a equivocarme, que se apuntaría a algún golpe de estado si temiera que España estuviera en peligro a causa de la mala gestión del gobierno y sus políticos. Para él, el Ejército era el centro de toda su vida y de nuestro país.

Todos los soldados partimos corriendo para coronar un precipicio muy pronunciado. Aquello era bastante despiadado, pues el cansancio se estaba acumulando en la tropa y aquella pendiente iba a terminar con nuestras menguadas fuerzas. Yo estaba muy cansado, pero aún me quedaba algo en la reserva y en mi amor propio y, cuando vi al teniente Báez subir a ocho o diez metros por delante de mí, de momento pensé: «El cabronazo este no va a conseguir llegar arriba antes que yo: aunque reviente, voy a llegar antes que tú, so cabrón». Apreté los dientes y aceleré con una marcha más, adelantándole y llegando a la cima mucho antes que él. Allá en lo alto, había un pequeño llano donde nos habían ordenado que nos detuviéramos para descansar. Mi amigo, el cabo Pringadera, apareció a mi derecha agotado y, por mi izquierda, el grandullón y totalmente analfabeto Martín Martín, que por lo visto estaba acostumbrado a campear por los cerros de su pueblo. El teniente Báez apareció detrás de mí a los tres o cuatro minutos y algunos soldados de la segunda compañía llegaron después de pasado los diez, poco más o menos destrozados; por lo que yo me temía, no tendrían fuerzas para recuperarse e iniciar un nuevo asalto en aquella sierra y en aquellas malditas maniobras.

Descansamos unos sentados y otros acostados, sin importarnos que el suelo estuviera mojado. Saqué un trozo de chusco (pedazo de pan del ejército) y una porción de chocolate que conservaba guardada en mi mochila para reponer fuerzas en estas ocasiones.

—¡Cojones, qué bien te lo montas, Martín! ¿De dónde has sacado ese chocolate, tío?.

—No te lo voy a detallar, Pringadera. Toma un trozo y no preguntes —le contesté.

—Cuando tú no quieres contarme de dónde has sacado el chocolate, será porque se lo habrás *furreado* a alguien, Martín.

Efectivamente aquella porción de chocolate la había conseguido unos días antes en una taquilla que no era mía y que tenía varias tabletas de chocolate en su interior; que conste que solo sustraje una de ellas. Como yo tenía prohibido salir del campamento Benítez por haber estado arrestado en el calabozo, no tenía más remedio que buscarme la vida dentro del cuartel y buscar cualquier comida extra dentro del acuartelamiento y donde fuese.

—¡Soldados, arriba todo el mundo! ¡En marcha, vamos! —se escuchó la voz del teniente Báez, que comenzó a correr, esta vez cuesta abajo por aquella peligrosa pendiente.

Aunque estaba muy cansado, yo me hallaba muy familiarizado con el campo y la naturaleza, ya que me había cultivado y jugado en ese hábitat; por lo tanto, los pedregales, las cuestas y las bajadas entre peñascales, pinos, matojos y arboledas para mí eran muy conocidas. Salté de mi descanso e inicié aquel descenso corriendo casi de lado, que era la mejor y más segura manera de bajar por una cuesta empinada y llena de piedras. A mitad del recorrido, vi al teniente Báez, que, por mi lado y a unos quince metros, caía tropezando y sin control, pegando unas volteretas que seguramente le ocasionarían heridas y lesiones. Unos soldados que corrían a la par mía también caían a causa de la empinada bajada. Miré hacia atrás y observé al Pringadera, a unos treinta metros, que bajaba con muchas precauciones y, junto a él, al Melilla, un soldado nacido en Melilla, de ahí su apodo, y que era un tío que se las sabía todas: un espabilado y un elemento de cuidado a la hora de buscarse la vida, siempre procurando no trabajar ni hacer nada de nada e intentando librarse de realizar guardias y otros servicios. El Melilla era el pelotilla de algunos jefes y mandos, pero no ningún chivato; yo le consideraba un tío listo, pícaro y buen compañero.

Llegué al final de aquella pendiente donde teníamos que descansar otra vez durante un tiempo determinado. No avisté por ningún lado al teniente Báez: ya no lo volvería a ver más durante los siguientes días; seguro que se había lesionado cuando se cayó rodando por aquella endiablada cuesta. Una vez abajo, había una profunda garganta donde transcurría un pequeño arroyo. Me senté a descansar y eché un vistazo a mi alrededor: por allí no había ningún mando militar que nos diera ninguna orden. A los pocos minutos, llegó el cabo Pringadera, el Melilla y el grandullón e inocente Martín Martín, acompañados de algunos rezagados de la segunda.

—¡Me cago en la leche, si quedamos menos de la mitad! ¿Dónde está el resto de la gente? ¿Y los mandos, dónde están? —me preguntaba en voz alta.

—Vete tú a saber, esos cabrones se han quedado allí arriba. El único que se ha tirado con nosotros por esas cuestas ha sido el teniente Báez y por aquí no está —comentó el Melilla.

—Yo lo distinguí rodando por la pendiente. El capullo quería llegar el primero para quedar como un héroe —les dije como aclaración—. Bueno, ¿y ahora qué? Aquí nos encontramos unos pocos sin saber dónde estamos y sin nadie que nos oriente. Vamos a continuar por esta cañada, pero subiéndola, a ver si llegamos a la altura de ese montículo de ahí enfrente y avistamos a alguien que nos oriente y nos conduzca a donde nos hallamos acampados —les expliqué.

—¡Pues venga, seguimos caminando, porque si nos quedamos aquí cualquiera sabe cuándo pueden venir a por nosotros! —razonó el Pringadera.

En ese momento, la lluvia que durante las primeras horas de la mañana había caído débilmente y que más tarde había cesado comenzó a caer con intensidad y rabia. Pensé: «Veremos a ver cómo salimos de aquí por que esto se ha puesto muy feo».

El grupo que subíamos arroyo arriba estaba integrado por unos treinta soldados y yo, junto con Pringadera, que también era cabo; además, la gente me respetaba mucho en mi compañía, por lo que mi palabra iba a misa.

—Muchachos, vamos a abandonar el arroyo porque con esta lluvia tan fuerte puede subir el nivel del agua y arrastrarnos a todos, de modo que vamos a remontar en oblicuo por el lateral derecho de donde hemos descendido y a ver si podemos encontrar a nuestro destacamento.

Comenzamos a trepar en diagonal bajo aquella intensa lluvia y sobre un suelo fangoso y resbaladizo; penosamente y en silencio, subíamos aquel repecho interminable. Yo iba al frente de ese grupo y, junto a mí, el fornido y alto Martín Martín, que hablaba muy poco o nada y, por ser hombre de campo y sierra, aguantaba lo que le echaran. En cambio, algunos soldados del grupo estaban derrengados y a punto de desfallecer y caer. Lo peor, si es que había algo peor, era que el cielo se estaba ennegreciendo y el atardecer estaba cayendo sobre nosotros. El cabo Pringadera, que iba un poco atrás, aceleró, se colocó a mi altura y me comentó en voz baja:

—Martín, si se nos viene la noche encima y no nos encuentran o no damos con el terreno donde estamos acampados, ¿qué hacemos?

—¡Calla, leche, no seas gafe! Si eso se produce, ya veremos lo que podemos hacer, pero ya encontraremos la forma de llegar como sea.

Finalmente, alcanzamos la cúspide de aquella empinada cuesta y nos reunimos para determinar en qué dirección marchábamos. Delante de nosotros se extendía una campiña llena de arboledas, matorrales, arbustos y espesuras; pero bastante llana. Deliberé un poco y mi buen sentido de la orientación me indicó el rumbo a tomar. Le dije al grupo de soldados que nos íbamos a dirigir a aquella dirección, porque me orientaba bien y creía recordar más o menos por dónde habíamos venido. Nos pusimos en marcha bajo aquella fuerte lluvia que no cesaba y, con un paso cansino porque no podíamos ni con las botas, comenzamos el viaje a través de esa campiña. Pasadas unas dos horas de caminata sin apenas descansar porque nos habíamos propuesto no parar hasta reventar si era preciso, ya que la noche se estaba acercando, escuchamos a lo lejos unas débiles voces.

—¡Callaos, callaos! ¿No escucháis unas voces? —ordené y se hizo el silencio en todo el grupo.

—¡Eh, eh! ¿¡Sois los de la segunda!? ¿¡Sois los de la segunda!? —escuchamos unas voces a lo lejos que nos llamaban.

—¡Sí, estamos aquí! ¡Eh, que estamos aquí! —respondimos aliviados de que nos encontraran.

Nos fuimos acercando a un grupo de cinco o seis soldados que nos estaban buscando. Al parecer, varios grupos habían salido en diferentes direcciones para ver si daban con nosotros. Estos soldados iban arropados y protegidos con unos capotes muy fuertes para la lluvia.

—¡Menos mal que por fin os hemos encontrado! Os llevamos buscando durante un buen rato. Todo el regimiento está descansando en el acantonamiento, ustedes sois los únicos que faltan. ¿Qué ha ocurrido? —nos preguntó uno de aquellos soldados que no pertenecía a nuestra compañía.

—Eso se lo preguntas a los jefes y mandos de la segunda, que nos han dejado tirados en medio de la sierra sin saber dónde estábamos ni qué teníamos que hacer —le respondí—. ¡Menudo ejército de mierda! —refunfuñé en voz muy alta.

Seguimos a los soldados que habían salido en nuestra busca, pues ellos llamaron por teléfono a los jefes para comunicarles que nos habían encontrado y que nos conducían al acuartelamiento de campaña. Una vez llegados al campamento provisional, apareció ante nosotros el capitán Julián Pontón, que se quedó observando fijamente al grupo y, después de darnos un repaso visual, dirigió la mirada hacia el grupo, después hacia mí, y me dijo:

—¡Vaya, hombre, otra vez usted, cabo Martín! ¿Qué ha ocurrido con este pelotón? ¡Estáis hecho un desastre, coño!

Efectivamente, los integrantes del grupo que yo comandé durante toda aquella tarde y dirigí para intentar llevarlos a buen puerto en mitad de esa sierra, estábamos hecho una calamidad. A pesar de llevar aquellos potentes chubasqueros, estábamos empapados hasta los huesos, pues el agua de lluvia nos había calado por todos sitios, todos los pertrechos estaban chorreando y las botas estaban a rebosar de agua y pesaban el doble de lo normal;

parecíamos una pandilla salida de una película de guerra y aquel capitán cabronazo me preguntaba qué le había pasado al grupo. ¡Será mamón!

—¡A la orden, mi capitán! —le respondí echándole mucha cara a la cosa y sin importarme las consecuencias—. Con su permiso, mi capitán, ¿le podría preguntar al teniente Báez, que era el que marchaba al mando y al cuidado de la compañía, dónde se metió en plenas maniobras?

—¡Qué dices, qué dices, cabo! Al teniente Báez hubo que trasladarlo a la enfermería con un esguince de tobillo. ¿Qué pasa, que no había ningún oficial ni ningún jefe más al frente de la compañía? —preguntó el capitán Pontón.

—Lo siento, mi capitán, pero yo no vi a ninguno más y tuve que hacerme cargo de este grupo porque estábamos desorientados y sin saber qué hacer ni a dónde dirigirnos.

—¡Cojones, no me lo puedo creer! Un pelotón de soldados perdidos en la sierra y sin un oficial al mando, ¡esto es increíble! —murmuraba muy cabreado el capitán Pontón—. ¡Retiraos a vuestra tienda, poneos ropa seca y que os den un caldo caliente! —ordenó gritando y marchándose enfurecido. Seguro estaba yo de que algún oficial o mando lo iba a pasar mal después de este lamentable episodio.

Nos fuimos a nuestra tienda y nos cambiamos de ropa. Algunos tuvimos que pedir algunas prendas secas, pues dentro de la gran tienda de campaña había charcos en el suelo por la lluvia y algunas de nuestras ropas estaban mojadas. Nos trajeron unas sopas calientes por orden del capitán, un caldo aguado que nos vino muy bien para entrar en calor. Al cuarto de hora, estaba dormido como un bebé.

Aunque algo incómodo, me harté de dormir y a la mañana siguiente, al toque de diana, nos llegó la buena noticia de que quizás pronto regresaríamos al campamento Benítez. La lluvia persistía y durante ese tercer día no pudimos movernos de nuestro aposento, pero es que en los días siguientes la lluvia continuó y aquella zona en la que estaba enclavado todo el Regimiento Aragón 17 era un pantanal. Se convirtió en un infierno. La semana se terminaba y solo habíamos realizado dos días de ejercicios, el lunes y el martes. En vista de que la lluvia persistía, el coronel y todos los demás jefes y militares decidieron levantar el campamento y regresar de nuevo al cuartel de Benítez.

Nos dieron la orden de desmontar y recoger la tienda; una vez recogida, la entregamos para que se la llevaran en unos camiones. Cuando quedó despejada toda la gran zona en la que estábamos acampados y formaron todas las compañías del regimiento, nos pusimos en marcha bajo una fina lluvia que no había cesado de caer durante aquella semana que estuvimos realizando las horribles maniobras. Recogimos todo nuestro armamento y demás pertrechos y, empapados hasta los huesos, formamos en un pequeño claro de aquel entorno. El capitán Pontón se dirigió a todos nosotros:

—¡Soldados de la segunda compañía, en vista de que no sabemos hasta cuándo estará lloviendo y porque estamos hasta los cojones del agua y del barro, —Él decía «estamos», pero no estaba lleno de agua ni de barro, pues su carpa estaba diseñada a prueba de borrascas y lluvias torrenciales—, hemos decidido regresar a nuestro cuartel! ¡Teniente Ballesteros, pongámonos en marcha y hágase cargo de la compañía!

—¡Atención, compañía! ¡En marcha! —gritó el pequeño, rechoncho y bastante veterano teniente.

Emprendimos el regreso hacia nuestro cuartel de Benítez bajo aquella intensa lluvia. Los soldados estábamos empapados y desastrados, parecíamos el derrotado ejército alemán en Rusia. Nos encaminamos hacia donde teníamos que subir a los trenes que nos conducirían a nuestro campamento andando entre algunos olivos, chaparros, arroyos y pedregales que nuestras botas no eran capaces de soportar. Llegado el momento, caminamos hacia un gran olivar y siempre bajo el mando del teniente Ballesteros; no sé cómo nos introducimos en aquella arboleda de aceitunas, pero, pasado ese terreno, nos encontramos con un terruño recién labrado y, por lo tanto, totalmente enfangado y blandengue. Los primeros soldados penetraron en aquel lodazal seguidos del resto de los doscientos y pico que formaban la segunda compañía; pero llegó un momento en el que no podíamos avanzar. Yo seguía lenta y penosamente, pues a cada pisada mis piernas se introducían en el barro hasta las rodillas y después era casi imposible poder sacarlas para dar el siguiente paso. Comencé a gritar en voz muy alta:

—¡Me cago en la puta leche! ¡Será posible! ¡No podemos avanzar y nos vamos a poner de barro hasta las orejas! —Luego, hablé en voz más baja—. Será capullo este teniente Ballesteros, en el barrizal en el que nos ha metido.

Aquello era de película: toda una compañía de soldados atrapada en una ciénaga, avanzando a paso de tortuga sin averiguar hacia qué lugar nos encaminábamos, y, para colmo, a las órdenes de un teniente inútil, desmañado e incompetente. Desde un repecho contiguo a aquel lodazal, el capitán Pontón gritaba encolerizado al ver que su segunda compañía estaba atrapada en aquel terreno recién labrado.

—¡Ballesteros, desgraciado!, ¿qué has hecho, cabrón? ¿¡Dónde has metido a la compañía, desgraciado!? ¡Ballesteros, cabrón, saca a la compañía de ahí, me cago en los muertos!

A este capitán le importaba un pimiento que fuese un teniente, un sargento o un soldado: él insultaba a gritos a cualquiera, siempre, claro está, de menor graduación. Menudo cabreo tenía el capitán Julián Pontón; yo creo que si hubiese podido le hubiera machacado la cabeza a Ballesteros. Desde esa pequeña altura, el capitán siguió pegando voces desaforadamente hasta quedarse afónico. Una vez que pudimos salir de aquel caos, todos los soldados estábamos hecho un asco y cuando nos agrupamos, próximos al resto de las demás compañías, nos miraban con asombro al contemplar el aspecto tan desastroso que teníamos. Hasta algunos soldados tendrían que limpiar sus armas, ya que al hundirse en el barro también cayeron sus equipos y todos sus pertrechos. No sé qué le pudo pasar al teniente Ballesteros cuando el capitán le pidió explicaciones sobre cómo y por qué había introducido a la segunda compañía en aquel barrizal sin antes haber inspeccionado aquel terreno pantanoso.

Una vez que llegamos al campamento Benítez y estábamos formados delante de la segunda, el capitán se dirigió a nosotros:

—¡Compañía, estoy seguro de que estaréis reventados de cansancio, de modo que os ducháis, cenáis y a la cama! ¡Mañana tenéis el día libre para hacer lo que queráis, excepto los que tengan que hacer guardias!

El capitán también ordenó que nos llevaran el almuerzo y la cena a nuestra compañía. Aquello no le hizo ninguna gracia a los cocineros, que tuvieron que servirnos el roñoso puchero al pie de nuestras literas.

Días más tarde, me pusieron al corriente de que algunos oficiales y algún que otro mando fueron amonestados por el capitán Pontón por el hecho de habernos dejado solos y al capricho de los elementos en el laberinto de aquella sierra. Era la primera vez que veía y escuchaba al capitán expresarse con algo de piedad hacia la tropa, pero la verdad era que toda la compañía estaba hecha un asco y más de uno de nosotros podía caer enfermo a causa de tanta lluvia y tanta humedad. Para colmo, durmiendo en unas tiendas de campaña empapadas y materialmente sobre el suelo, ya nos podemos hacer una idea de qué clase de tropa quedaba de nosotros. Al final de todo esto, no recuerdo cuánto dormí ni descansé, pero fue suficiente para emprender una nueva jornada.

A mis setenta y siete años, aún puedo recordar paso a paso toda la actividad militar desplegada en aquellas maniobras infernales y chapuceras. Yo creo que si aquellos simulacros hubieran sido verdaderos posiblemente estaríamos todos muertos debido a la deficiente preparación de estos mandos militares.

De instructor de reclutas y otras cosas

—¡Martín, cabo Martín! —me llamaba a gritos el nuevo e inexperto cabo furriel: el anterior, con el que yo me enfrenté, ya se había licenciado y este nuevo era un tío muy apañado.

—¿Qué quieres, furriel? —le pregunté tras llegar a la *furrielería*, que se hallaba al fondo de la compañía.

—Oye, cabo Martín, como sé que siempre estás buscando el hacer cursos o buscar la manera de no hacer ningún servicio, tengo aquí una circular que me han entregado para que la coloque en la puerta: es de un curso de instructores. Si quieres, te apunto.

—¿Eso para qué es, para enseñar a los reclutas a desfilar y para lo de las armas?

—Claro, pero lo bueno es que estarás rebajado de cualquier servicio durante un buen tiempo y el horario de instrucción será solo por las mañanas en el campo de instrucción.

—¿Cuánto dura el curso y quién lo imparte? —le pregunté por si el que lo impartía no me caía nada bien.

—Creo que es el teniente Vita —me respondió—, y dura cuatro días.

—Entonces me apuntas, aunque es un coñazo eso de entrenar a los reclutas para que desfilen y manejen bien sus armas.

El lunes siguiente comenzó aquel curso en una de las salas de la plana mayor. Doce o catorce cabos nos encontrábamos sentados en unas mesas individuales y con unos cuantos folios sobre ellas con las instrucciones pertinentes de cómo entrenar a esa tropa inexperta. De la segunda compañía solo estábamos dos cabos, yo y otro chaval al que conocía, pero con el que no había tenido ocasión de hacer amistad. El curso duró los cuatro días que el cabo furriel me dijo y el teniente Vita, como profesor del mismo, se portó de maravilla, aunque yo sabía que era un tipo bastante afable.

El teniente Vita, delgado y nervioso, con un tic facial que de vez en cuando le hacía pestañear y guiñar los ojos convulsivamente, resultó muy afable y simpático y a cada momento soltaba cualquier historia graciosa o chiste ocurrente. Uno de esos cuatro días, cuando estábamos en plena clase, observé que el tic nervioso era más intenso y que el nerviosismo característico en él era más agudo y pronunciado: movía incluso la boca y sacaba la lengua como si quisiera rascarla con los dientes.

—Mi teniente —me dirigí a él—, ¿qué le pasa hoy? Lo veo más nervioso que de costumbre.

—¡Calla, leche! —me respondió—. Resulta que estuve en el pueblo de mi suegra este fin de semana y, cuando me venía para Málaga, me regaló un jamón. Lo empecé a cortar, saqué unas pocas lonchas y me hice unos bocadillos, pero he notado que tengo la lengua llena de pequeñas espinas y de algunas raspaduras dentro de la boca y los labios. Al final, me he dado cuenta de que son espinas de chumbos.

—¿Y eso cómo puede ser, mi teniente?

—¿Que cómo puede ser? Pues que mi querida suegra me dio el jamón metido dentro de un saco de tela y, al parecer, ese saco había estado lleno de chumbos que mi suegro había cogido de unas chumberas que hay junto a su casa. Claro, las espinas, del saco al jamón y del jamón a mi boca, y ahora tengo la lengua llena de todas esas pequeñas espinas, ¡coño! —contaba esta historia sin dejar de abrir y cerrar los ojos, con aquel característico tic nervioso, ni de rascarse la lengua. Todos rompimos a reír al ver la cara que ponía el teniente Vita describiendo aquella anécdota tan graciosa.

Una vez terminado el curso, me encomendaron adiestrar durante un par de semanas a un grupo de reclutas que había llegado a nuestra compañía; al otro cabo, con el que yo tenía poca amistad, le asignaron otro grupo también de la segunda compañía.

El campo de instrucción se encontraba junto al campo de deportes y era un gran llano de tierra bien apisonada y de grandes dimensiones. Al día siguiente y después de terminado el desayuno, conduje allí a unos veintitantos reclutas, que eran los que formaban el grupo, y en formación de a dos. Sin perder tiempo, comencé a explicarles la manera de desfilar sin que nadie tropezara con ningún compañero ni perdieran el paso y, si alguno lo perdía, que cambiara el ritmo, etc. «¡Un, dos *et aro*! ¡Un, dos *et aro*! ¡Un, dos *et aro*! ¡Izquierda, derecha! ¡Izquierda, derecha!», y así una y otra vez recorríamos el campo de arriba abajo durante toda la mañana. De vez en cuando les daba un descanso que yo aprovechaba para enseñarles el buen manejo del fusil Mauser y cada una de las piezas de las que constaban esa magnífica arma.

Cuando me asignaron a ese grupo de reclutas, entre ellos había un «veterano», el soldado Pepito: aquel chaval, en el primer día en el campo tiro, cuyo disparo lo derribó de culo en el suelo y cuyo fusil se lo arrebató el teniente cuando yo le dije que no estaba bien de la cabeza, que yo lo conocía porque vivía en mi mismo barrio y tenía una discapacidad. ¿Cómo era posible que Pepito siguiera en el campamento haciendo el servicio militar?: me hacía esta pregunta una y otra vez viendo aquella aberración. ¿Cómo era posible que todavía no lo hubieran licenciado? Y es más, ¿cómo era posible que me lo hubiesen encasquetado a mí para que le enseñara a desfilar? «¡Un, dos, un, dos! ¡Izquierda, derecha! ¡Un, dos, un, dos! ¡Izquierda, derecha!», pero no daba ni una: iba tropezando ahora con el de delante, ahora con el de detrás. Lo puse el último de la formación y de esta manera no tropezaría, pues detrás de él no iba nadie, pero igualmente chocaba siempre con el que iba delante. Aquello era imposible: era un inoperante, al menos para desfilar con paso marcial.

Ideé varias maneras para ver si lo hacía desfilar sin extraviar la marcha. La primera fue ponerle una alpargata blanca en un pie y una alpargata negra en el otro: lo saqué fuera de la formación y durante un buen rato estuve adiestrándolo a él solo. Yo le decía: «Pepito, cuando yo te diga "La blanca", tú das un paso con la alpargata blanca y, cuando te diga "La negra", das un paso con la alpargata negra, ¿lo entiendes, Pepito? ¡Coño!». «¡Sí, cabo!», me contestaba. «¡Vamos a ver, prepárate! ¡La blanca, la negra! ¡La blanca, la negra! ¡La blanca, la negra!», y así todo el rato. Cuando yo le ordenaba muy pausadamente, Pepito no se equivocaba, echaba los pasos correctos; pero, cuando le ordenaba con paso más ligero, no se aclaraba: «¡La blanca, la negra! ¡La blanca, la negra!». Un desastre. Lo intenté de otras formas y maneras, pero al final desistí porque este chaval no iba a aprender a desfilar jamás. Todo esto se lo informé al teniente

Vita, que emitió un comunicado al capitán Pontón y este se lo pasó al coronel. No sé lo que pasaría con Pepito, pues ya no lo vi jamás por la compañía ni tampoco por el campamento.

A los tres o cuatro días, apareció por el campo de instrucción el teniente Vita para inspeccionar y preguntar cómo iban los reclutas con su aprendizaje.

—¡Hola, cabo Martín! ¿Cómo van estos soldados con su instrucción?

—¡A la orden, mi teniente! Pues van bastante bien, aprenden muy rápido.

—¡Vamos a verlo!

—¡Venga, muchachos! Vamos a mostrarle al teniente Vita cómo se desfila con marcialidad.

Di la orden al grupo: «¡De frente, ar! ¡Un, dos, un, dos, un, dos!», y el grupo se puso en marcha y desfilaron como los ángeles.

—¡Muy bien, perfecto! —comentó el teniente—. ¡Enhorabuena, Martín!

A los pocos días se acabaron los ejercicios de instrucción para aquellos reclutas, pues ya podían integrarse al resto de la compañía y desfilar con todas las garantías de que no tropezarían con nadie ni perderían el paso, de modo que de momento me quedé sin trabajo y expuesto a que me endiñaran cualquier servicio o trabajo no deseado.

En uno de esos días en que solía estar en la compañía sin un trabajo específico y tumbado en mi litera leyendo algo, charlando con alguien o jugando una partida de lo que fuese, escuché al cabo primero Patxicoa pegando voces:

—¡Cabo Martín!, ¿dónde andas? —«A ver lo que quiere este ahora», pensé; pero no le contesté, ya que la lectura era interesante—. ¡Guardia de puerta!, ¿sabes dónde está el cabo Martín? —gritaba Patxicoa.

—¡No lo he visto, mi primero! ¡Estará en su litera durmiendo o leyendo o corriendo por el campo, como siempre! —le contestó a voces aquel soldado desde la puerta de la segunda compañía.

—¡Patxicoa, estoy en mi litera! —contesté pasados uno o dos minutos sabiendo que el cabo primero a la postre me encontraría.

A este, ningún soldado se atrevía a llamarlo por su nombre: había que decirle «¡A la orden, mi primero!»; pero mi extraña amistad con él me permitía llamarlo solo por su nombre. El cabo primero apareció por donde estaba mi litera.

—¡Coño! ¿Dónde te metes, Martín?

—¿No sabes que casi siempre estoy por aquí, muy cerca de mi litera, leyendo o sesteando, y que salgo poco de la compañía cuando no estoy haciendo algún cursillo o algo parecido? Bueno, Patxicoa, ¿para qué cojones me buscas?

—Martín, ¿por qué no rebuscamos una ristra de choricillos o algunas chacinas y nos hacemos unos bocadillos? Yo me traigo algunas cervezas frescas que tengo metidas en la nevera del teniente Ballesteros.

Aquello de las chacinas y choricillos tenía su historia. Resulta que me había hecho de un manojo propio de llaves pequeñas, veinticinco o treinta, para abrir las taquillas; no recuerdo cómo las fui coleccionando. Cuando la compañía estaba semidesierta los sábados y los domingos, que la mayoría de los soldados tenían permiso para poder abandonar el cuartel, algunas veces yo me dedicaba a registrar las taquillas que no me pertenecían, o sea, que me convertí en un pequeño ladronzuelo de taquillas, pero ojo, solo para buscar comida y apaciguar la hambruna ocasionada por la escasa y lamentable pitanza que se distribuía en ese cuartel de Benítez.

Los dos recorríamos la compañía, yo abriendo taquillas e inspeccionando si había dentro de ellas algo que llevarse a la boca fuera de lo habitual y el cabo primero siguiéndome y ojo avizor por si aparecía alguien que nos delatara o algún superior que nos viera y nos endilgara algún paquete. Efectivamente, al poco de buscar, encontramos en una de aquellas taquillas una orza bastante considerable de cerámica o de barro repleta de manteca colorada acompañada de chorizos chiquitos y grandes trozos de morcilla que estaban diciendo: «Cómeme».

—¡Patxicoa, no veas lo que hay aquí! ¡Te vas a poner morado! Ven a ver el tesoro de merienda que he encontrado.

Cogí cuatro o cinco chorizos y algunos trozos de morcilla, cerré la taquilla y dejé la orza lo más presentable posible para que no se notara mucho que la habían saqueado. A veces íbamos a tiro cierto, pues ya conocía algunas de las taquillas que en su interior podían tener productos del cerdo. Nos dirigimos hacia mi camastro para despacharnos tranquilamente aquella merendola tan rica. Patxicoa se trajo cuatro chuscos de la cocina general, que se encontraba en un pabellón adyacente a nuestra compañía, y también las cervezas y un gran racimo de uvas que no recuerdo de dónde lo sacó. Nos hicimos cuatro bocadillos de los que hacía tiempo no probábamos.

—Algunos de estos garrulos se traen el guarro entero cuando regresan de sus pueblos —comentaba Patxicoa.

—Pues ya le estas dando las gracias, porque ahora estamos comiendo gracias a estos garrulos. Es que la manduca que nos sirven aquí tiene guasa, a veces no hay quien se la coma. Tú solo tienes que percibir el mal olor que se advierte cuando entras en el comedor: ese olor te echa para atrás —le recordé.

Un día de esos en que asaltaba alguna taquilla para sacar algo de comer, tuve una pequeña reyerta. Estábamos echando una partida de parchís en la litera de un amigo en la que también jugaba Patxicoa y en un momento determinado el cabo primero dijo que allí lo que hacía falta eran unos choricillos o algo para picar. Yo me levanté y me dirigí hacia una de aquellas taquillas que seguramente tenían algo de comer: abrí la taquilla en cuestión y, desde luego, había comida en forma de adobos. Cogí algunos trozos y, cuando la estaba cerrando, oigo a un soldado, que estaba observando la partida de parchís, decir en voz muy alta:

—¡Oye, cabo, que esa taquilla es mía! ¡Me vas a quitar los chorizos! —Vino en mi busca hecho una furia con la intención de zurrarme.

—¡Vale, vale, tío! ¡Perdona, leche, no sabía que esa taquilla era tuya!

—¡Pues seguramente que serás tú el que de vez en cuando me quitas la comida! Ahora se lo digo al capitán Pontón.

—¡Espera, espera! —intervino el cabo primero Patxicoa—. Muchacho, ¿por tres o cuatro chorizos vas a ir de chivato al capitán? Coño, ya no te van a tocar la taquilla más, te lo dice el primero Patxicoa. Descuida, que de ahora en adelante tu taquilla es sagrada y, si necesitas algo en cualquier momento, yo te echo una mano —le dijo conciliador el cabo primero a aquel soldado, propietario de la taquilla que yo abrí.

El chaval se calmó y quedó conforme con la explicación de mi amigo; también porque podía ser peligroso tener de enemigo al cabroncete del cabo primero.

Una de aquellas noches en las que Patxicoa estaba de semana a cargo de la compañía y cuando se pasaba lista delante del edificio, todos firmes y en formación, al parecer, el cabo primero estaba borracho y tenía uno de esos días malos. Como ya dije antes, Patxicoa, a pesar de haberse hecho muy amigo mío, era un hijo de mala madre, un hombre amargado y sin piedad. Esa noche, mientras un cabo pasaba lista, se dedicó a pasear entre los doscientos soldados que formábamos la segunda compañía y, sin venir a cuento, se lio a pegar patadas y puñetazos a diestro y siniestro a todos los que estaban en la formación firmes y alineados. Se armó un gran revuelo, pues la gente se apartaba para no recibir los golpes de aquel energúmeno. Cuando advertí aquel desconcierto y todo el altercado, salí corriendo y, una vez llegué al centro de la formación, Patxicoa seguía dando patadas y toda clase de golpes. Varios soldados estaban tumbados en el suelo inermes y maltrechos al haber sido heridos y aporreados por el cabo primero.

—¡Mi primero, mi primero! ¡Patxicoa, Patxicoa! ¡Te has vuelto loco, coño! —le increpé sujetándolo muy fuerte e inmovilizándolo por la espalda—. ¿¡Qué haces!? ¿¡Quieres que te lleven a una prisión militar!? ¿¡Qué te pasa, hombre!? ¿¡Qué te pasa, leche!? —le gritaba insistentemente para que pudiera calmarse y dejara de golpear a la gente.

Aquello le podía costar muy caro si llegaba a oídos del capitán Julián Pontón, pues Patxicoa no le caía bien a nadie: todos le daban de lado, hasta los jefes le despreciaban y tenían poco contacto con él. Tampoco a ninguno de ellos le interesaba meterse con él, pues era hijo de un teniente o capitán general con sede en Madrid y el que se metiera con él podría tener algún problema; por lo tanto, Patxicoa campaba por el regimiento a sus anchas, apartado y solitario, pero sin la más mínima responsabilidad. Los jefes solo se relacionaban con él cuando tenían que comunicarle una orden para algo en concreto. Después de tranquilizarlo, me lo llevé para el interior de la compañía descompuesto, a punto de darle un patatús y gruñendo incoherente. Murmuraba que se cagaba en sus muertos; no quise ahondar ni preguntar los motivos de su amargura, pues nunca me ha interesado la vida privada de nadie, aunque yo sabía por dónde andaban los tiros.

—Vamos, Patxicoa, acuéstate, que mañana será otro día —le susurré al oído al cabo primero—. Que el cabo del cuartel acabe de pasar lista y que la compañía se marche a dormir. Mañana ya me contarás.

Lo dejé acostado y le dije al cabo del cuartel que la gente rompiera filas y que se fuera a dormir.

Al día siguiente, estuve hablando con Patxicoa y me contó que no se acordaba de nada de lo ocurrido la noche anterior.

—¡Serás cabrón! —le dije—. Pues no veas la que liaste a base de patadas y puñetazos. A ver si pagas tu mala leche y tus problemas de otra forma, no con la tropa, ¡coño! Márchate del Ejército. ¿Qué haces aquí, que casi siempre estás amargado? A mí me parece que el único amigo que tienes aquí dentro soy yo, pero vamos, yo también estoy amargado, aunque no llego a tanto, ¡leche!

—Pues sí, el único amigo que tengo aquí dentro eres tú, Martín. Al parecer tenemos y nos guiamos por un mismo patrón.

—Qué va, qué va, yo no soy como tú; lo que pasa es que no sé por qué casualidad del destino nos hemos hecho amigos. Pero bueno, la vida hace cosas extrañas con los seres humanos, ¿verdad, Patxicoa? —El cabo primero asintió y esa mañana desayunamos en la cantina y no en el comedor.

Y hablando de las comidas: este apartado es rancho aparte, valga la redundancia, porque era casi imposible tragarse los alimentos que nos servían; yo que siempre estaba habituado a comer de todo lo que me endiñaran, algunas veces no tenía redaños de comerme aquellos potingues. El solo hecho de entrar en el comedor era penoso: un hedor a coles podridas te echaba hacia atrás; era el olor habitual de aquella estancia. Los que llevaban el negocio de la cantina, que no eran militares, se estarían forrando, pues la gente que podía optaba por gastarse los cuartos en la cantina a la hora de almorzar. Durante toda la mili no vi ni un trozo de carne en mi plato; sin embargo, muchas veces veía entrar camiones de la empresa Avidesa (Sociedad Mercantil Española Avidesa, Avícolas y Derivados), repletos de cajas de pollos y otros productos, que depositaban dentro de las cocinas y de los cuales los soldados del cuartel de Benítez no veíamos ni las plumas. ¡Ah, sí! En el día de la jura de bandera se esmeraron y pusieron pollo en el almuerzo, claro está, para que los familiares que asistían vieran lo bien que comían los soldados, pero con la fatal desgracia que todo el cuartel de Benítez se intoxicó y tuvimos que pasar una cuarentena de no me acuerdo cuantos días tomando unas gruesas pastillas. Muchos soldados sufrieron vómitos y fiebres y un chaval, que vivía en los Montes de Málaga, al parecer, falleció a causa de esa intoxicación. Durante ese período casi todos permanecimos en cama por orden del comandante médico, aunque no tuviéramos fiebre. Todos los días se pasaban unos enfermeros con unas bandejas repartiendo pastillas cama por cama.

—¡Yo no quiero pastillas! —gritaba un soldado cerca de mi litera que tenía los mismos apellidos que yo y era de Fuengirola—. ¡Yo no quiero pastillas, coño!

Protestaba todos los días cuando se acercaban los enfermeros para que se tomara aquella gran píldora, formando un gran alboroto y provocando las risas de todos los que estábamos cerca de él.

—¡Te la tienes que tomar, cojones, que tienes fiebre! —le decían los enfermeros.

—¡Martín Ruiz, tómate la pastilla de una vez y cállate ya, leche! —le gritaba yo desde mi cama—. ¡Todos los días tienes que armar este follón!

—¡Pues no quiero pastillas! ¡Tómatela tú y me dejas tranquilo! ¡Vete a la mierda! ¡No quiero pastillas!, ¿te has enterado?

A este Martín Ruiz yo lo podría catalogar como un friki garrulo de nuestros días, muy enflaquecido, blanquecino, simpático, desgarbado y medio atontado; pero con una jeta impresionante. A veces ese tío me recordaba al Ingenioso hidalgo. Desde ese día, ese Martín Ruiz de Fuengirola se quedó con el apodo del Pastilla.

Un día, apareció un soldado por la compañía preguntando a voces quién sabía conducir camiones. De pronto, vi al Pastilla, que salió corriendo hacia la puerta. Yo y unos cuantos, que estábamos por los alrededores, salimos tras él para ver qué acontecía: allí se encontraba el Pastilla contándole su vida a un sargento y diciendo que él sabía conducir camiones, pero que el carné de conducir lo tenía en su casa de Fuengirola. Aquel sargento se lo llevó, no muy convencido, hacia la zona de la huerta, donde le esperaba un camión para hacer la prueba. Tras ellos, nos fuimos algunos de la compañía para ver en qué terminaba aquello, pues presumíamos que el Pastilla, lo de conducir camiones, nada. Se subió al vehículo del ejército muy decidido, lo puso en marcha sin ningún problema y entonces pensé: «Pues sí que sabrá conducir». Le metió una marcha y el camión salió disparado y sin control en dirección a la huerta.

—¡¡Para, coño, para!! —gritaba el sargento—. ¡Hijo de puta, para, para! ¡A ver cómo sacamos ese camión de ahí, so cabrón!

El Pastilla no pudo o no supo detener aquel camión, que penetró sin remisión dentro de la huerta y machacó gran cantidad de lechugas, alcachofas y otras hortalizas. Como había llovido bastante, la tierra estaba muy fangosa, por lo que el gran camión quedó empotrado en el lodo por encima de las ruedas delanteras. El Pastilla, lleno de barro hasta la coronilla, salió del gran camión y de la huerta sin inmutarse y poniendo cara de circunstancia. Inmediatamente, se lo llevaron al cuerpo de guardia para incorporarlo, castigado durante una semana, a la prevención, un encierro algo más suave que el calabozo. El Pastilla resultó ser un friki pasota, pero bastante simpático.

Después de la cuarentena y de la intoxicación, nos llamaron a toda la compañía para ponernos una vacuna para no sé qué, pero la forma de inyectarnos era muy curiosa y antihigiénica. En unas filas de diez, desnudos por la parte superior y uno a uno, nos iban clavando unas agujas enormes en la paletilla. Cuando los diez teníamos las agujas clavadas, se acercaba otro soldado con una gran jeringa y uno tras otro nos iban inyectando aquel líquido, con lo que, al tener que esperar a que llegara el turno y con la aguja clavada, alguno cayó al suelo desmayado. En aquel campamento Benítez y en aquellos años, si no palmaron algunos soldados fue porque la providencia nos protegió, porque la manera de tratar al personal era infame y muy lejos de respetar los derechos humanos.

Ahora recuerdo que mi novia Rafi tenía una buena amiga en el barrio del Arroyo de los Ángeles de Málaga. Esa amiga tenía un novio que era sargento de infantería y que estaba destinado en el campamento Benítez. Esta le comentaba a mi novia que estaba loca porque al novio le tocase el mes de cocina, ya que sacaba mucho dinerillo extra porque, al parecer, se ahorraban mucho en la compra de las comidas que se les daba a los soldados. Yo pensaba: «Se saca mucho dinerillo extra de los pollos que al parecer se van perdiendo por el camino». Menudos elementos. No sé lo que hacían con el tema de la comida: creo que la mitad del presupuesto se lo quedaban entre unos y otros y a los soldados nos daban rancho para comer.

Una mañana, cuando fui a desayunar y, como todos los días, sirvieron una especie de infame chocolate en nuestra marmita, al tomar el primer sorbo me noté la boca llena de arena de la playa; todos los soldados de mi compañía estaban escupiendo aquel líquido lleno de arena. Ocurrió que los cocineros tenían la costumbre de fregar las grandes perolas, en vez de con estropajos, con arena de la playa, que limpiaba muy bien, y, a continuación, las enjuagaban. Ese día se olvidaron de enjuagarlas y nadie pudo desayunar; algunos, pagando, desayunaron en la cantina. Al grupo de cocineros responsables de aquel desaguisado los pelaron al cero y les dejaron la cabeza como una esfera de jugar a los bolos; no acabaron en el calabozo porque estaban escasos de personal.

En el tema de la comida, después de salir del calabozo, tuve algo de suerte porque me hice amigo de dos cocineros que de vez en cuando me pasaban algunos alimentos extras. Me llegaba por la cocina y les decía que me pusieran un par de huevos fritos dentro de un chusco (algo parecido a un mollete, pero más prensado) y de esa manera calmaba la hambruna que yo pasaba en ese cuartel de Benítez en el año mil novecientos sesenta y tantos, claro está, si no tenías posibilidades de ir a tu casa o de llegarte a la cantina del campamento, que ese era mi caso.

Un día de esos, los dos cocineros amigos míos me invitaron, según me dijeron, a participar en una comilona que organizaban todos los cocineros y sus respectivos amigos; la harían en los jardines, un poco apartados del centro del cuartel. Cuando nos reunimos para la pitanza, habíamos trece o catorce personas y los alimentos que se pusieron para comer pintaban bastante bien: ensaladilla, huevos duros, tortillas de patatas y otras cosillas que hacía tiempo ni las olía. Picando de todas aquellas, de pronto, alguien comenzó a repartir porros de cannabis o de lo que fuera, por lo que, al ver el panorama que allí se estaba montando, me marché.

—¡Muchachos, me marcho! Yo me he tirado dos infernales meses en el calabozo y no quiero ningún problema más, de modo que me vais a perdonar.

—¡Hombre, no te vayas! ¡No te pongas así, que no estamos haciendo nada malo, Martín! Además, solo es un porro, un cigarro de nada.

—¡Tranquilo, que, aunque me marche, no voy a comentar nada de esto! Como si no hubiese estado aquí —le comenté al grupo.

Algunos de aquel corrillo con los que yo no intimaba demasiado se quedaron un poco sorprendidos, como no estando demasiado seguros de lo que yo pudiera comentar en la compañía o en otro lugar, y los dos cocineros amigos míos tranquilizaron a los demás del grupo diciendo:

—¡Tranquilos, que nosotros ponemos la mano en el fuego por el cabo Martín! Podéis estar seguros de que este tío es un tío legal.

De esa manera, me fui recordando la noche en la que aquel teniente loco, el teniente Gonzálvez, que estaba de guardia aquella jornada, me llamó para que le dijera quién traficaba con grifa en el calabozo; al final pensé que no lo estaba tanto. Después de ese desafortunado episodio, nunca más me acerqué al grupo de los cocineros ni de los amigos de estos, aunque sí frecuentaba la cocina para ver si pillaba algo de pitanza.

Tirador de primera: lo mejor de mi servicio militar

Como en otras ocasiones, desde la puerta de mi compañía oí los gritos del centinela. Llegué a la puerta y le pregunté al soldado:

—¿Qué pasa? ¿Quién me llama?

—Ha venido uno de la tercera compañía preguntando por ti para que lo antes posible te presentes ante el teniente Berlanga. Por ahí anda el soldado que estaba preguntando por ti.

Salí de la segunda y allí me estaba esperando un soldado veterano para acompañarme. Durante el camino, le pregunté para qué me quería ese teniente.

—Yo creo que para algo del tiro porque en estos papeles que llevo dice algo sobre ti y tu puntería a la hora de disparar —me comentó.

—¿Y quién ha escrito esos papeles? —pregunté al soldado.

—¡Leche! —me dijo el veterano—. Cuando fuisteis el primer día que estuvisteis disparando en la playa, estuvieron anotando las dianas que hacían los soldados y por lo visto tus disparos fueron muy buenos, de los mejores.

«¡Pues vaya! A ver qué quieren y para qué sirve eso», pensé. Me introduje en la tercera compañía: nunca la había visitado y todo estaba bastante limpio, no como en la segunda, que era una compañía llena de roña, muy sucia y repleta de chinches. Me colé en un despacho muy limpio y allí se hallaba el teniente Berlanga, sentado tras una gran mesa repleta de papeles y libretos, pero muy ordenada.

—¡A la orden, mi teniente! —El oficial me hizo un gesto con la mano para que tomara asiento. Este teniente me dio muy buena impresión: de estatura media, corpulento, de unos cuarenta y pocos años, y de unas maneras educadas.

—Cabo Martín, le he llamado porque visto los resultados de los disparos que efectuó con el Mauser el día que estuvo en el campo de tiro de la playa. Resulta que fueron excelentes: no sé si por suerte, pero usted falló muy pocos disparos. ¿Ha disparado más veces desde entonces?

—No, mi teniente, no he pegado un tiro desde entonces ni incluso antes de venir al ejército había pegado ninguno.

—Bueno, Martín, ya veremos. De momento, se va a presentar usted en el campo de tiro de la playa a las diez de la mañana, ¿de acuerdo?

—¡A la orden, mi teniente! —Me marché de allí pensando en la entrevista con ese teniente y en qué terminaría esa cuestión.

Una vez en mi compañía, me tropecé con el cabo primero Patxicoa y le estuve comentando todo lo acontecido con el teniente Berlanga.

—¡Claro, Martín! El teniente Berlanga se encarga todos los años de entrenar a la patrulla de tiro.

—¿Y qué leche es eso de la patrulla de tiro?

—Esa patrulla está planteada para competir con otros cuarteles y regimientos, y ese teniente es el encargado de entrenarla y de llevarla para arriba y para abajo. Si te ha llamado es porque tú disparas muy bien con el Mauser —explicó Patxicoa.

—Yo no sé si disparo bien o mal, a mí me dieron el fusil y estuve disparando. Me gustó el pegar tiros, pero nada más.

—Pues, mira por dónde, si de verdad eres buen tirador, vas a tener mucha suerte porque la gente que está en esa patrulla no realiza ningún servicio, solo están dedicados a pegar tiros y afinar la puntería para participar en diferentes competiciones. Ya sabes que a estos militares les encanta todo eso de las armas y los tiros. Pero ¿de verdad que nunca habías disparado ni para ir de cacería, coño? —se extrañaba Patxicoa—. Pero bueno, si te ha llamado es porque tus disparos ese día del tiro en la playa fueron excelentes. A ver si tienes suerte, Martín, porque te tendrán que hacer algunas pruebas de tiro con el fusil Mauser.

A la mañana siguiente, como tenía previsto, me presenté en el campo de tiro y a los cuatro o cinco minutos se presentó el teniente Berlanga acompañado de un soldado que portaba un fusil en las manos.

—¡A la orden, mi teniente! ¡Se presenta el cabo Martín de la segunda compañía!

—¡Buenos días, cabo Martín! Escuche, que le explico —se dirigió a mí con mucha educación—: le voy a hacer unas pruebas de tiro para comprobar que su puntería no fue flor de un día y tuvo usted la suerte de cara, porque resulta que no falló ni un disparo, todos los metió en la cabeza de la silueta de madera.

El teniente se dirigió al soldado que lo acompañaba y le ordenó que me entregara el fusil. Lo cogí entre mis manos y, como el primer día, me gustó el contacto de la madera y el peso de aquel chisme que parecía salido de la fábrica, reluciente y nuevo en todos sus componentes. Daba la sensación de no haber sido disparado nunca. A continuación, volvió a ordenarle al soldado acompañante que pusiera a doscientos metros de distancia una de las siluetas que se encontraban en un lugar señalado para estas dianas.

—Cabo, meta el peine de balas en el Mauser y comience a disparar en posición de pie.

Cargué el Mauser y suavemente deslicé el cerrojo hacia adelante girándolo hacia la derecha y luego hacia abajo; de esta manera, quedó dispuesto para comenzar a disparar. Me puse el fusil en posición.

—Cabo, ¿de verdad no había disparado nunca con un arma de cañón largo? No me lo creo.

—Pues es la verdad, mi teniente. ¿Por qué me lo pregunta?

—Porque ha adoptado usted una posición muy apropiada para hacer un buen disparo: ha posicionado las piernas correctamente y ha cogido usted el Mauser como hay que cogerlo. ¡Pero bueno!, cuando usted quiera puede comenzar a disparar.

Me eché el fusil a la cara e inspiré profundamente. Retuve en calma la respiración y ¡pum!, cinco disparos seguidos. El soldado acompañante se acercó a recoger la silueta diana y nos la trajo para que el teniente y yo viéramos dónde habían ido a parar mis disparos.

—¡Coño! —exclamó el teniente Berlanga—. ¡Cinco disparos, cinco dianas con disparos muy agrupados! Bueno, bueno, bueno, mejor que la primera vez que disparó con su compañía.

—Mi teniente, será porque este Mauser no tiene nada que ver con el que me dieron en la *furrielería*.

—Pues llevas toda la razón, cabo, porque este fusil es mucho más nuevo y exacto que los que tenéis en vuestra compañía. Los Mauser de la patrulla son unos fusiles que están preparados para francotiradores y que tienen una exactitud singular. Ahora vas a disparar rodilla en tierra, a ver cómo se te da en esa posición más baja.

El soldado acompañante volvió a emplazar la diana a doscientos metros, cambiando el dibujo de papel deteriorado por mis disparos. Puse rodilla en tierra e hice el mismo protocolo que en los disparos anteriores: respiré profundamente, etc., ¡pum!: cuatro disparos en la cabeza de la silueta y el quinto en el cuello.

—¡Bien, bien, bien! Muy pocas veces he visto esto, cabo. Ahora va usted a disparar cuerpo a tierra.

En la patrulla de tiro

Me arrojé al suelo y con la misma ceremonia antes de disparar, aprieto el percutor suavemente y ¡pum!: cinco disparos, cinco dianas, más agrupadas que cuando disparé de pie.

—¡Bueno, amigo, solo hay un soldado en esta patrulla que le puede hacer sombra, pero usted es mejor que él! Bueno, me queda una pregunta: ¿quiere pertenecer a la patrulla de tiro, cabo Martín? —Me quedé unos segundos mirándolo extrañado, pues me lo podía haber ordenado y no pedido—. ¿Se extraña, cabo, de que se lo pregunte? Pues mire, no me interesa la gente que no está a gusto en esta patrulla: estando a disgusto no se afina bien la puntería. Le repito, ¿quiere usted pertenecer a la patrulla de tiro?

—¡Pues claro, mi teniente! —le respondí con rapidez, pensando en los beneficios que el cabo primero Patxicoa me había dicho que obtenían los integrantes de esa patrulla de tiro.

—Mañana veré a mi amigo, el capitán Pontón, para comunicarle que me lo llevo para que ingrese en la patrulla de tiro y que no cuente con usted durante un tiempo.

El soldado asistente me comentó que me entregarían un equipo de vestir nuevo, unas botas, un correaje y que tendría que comer con la patrulla de tiro y aparte del comedor general; que no tendría que levantarme tan temprano y que todos los días a las diez de la mañana me presentara con mi Mauser en el campo de tiro, junto a los enormes pinos piñoneros; por supuesto, mi fusil dormiría en la *furrielería*, en un lugar aparte de los otros fusiles y nadie lo podía tocar, solo yo. Poco más tarde me di cuenta de que aquellos soldados que pertenecían al equipo de tiro eran intocables, solo el teniente Berlanga estaba capacitado para darles cualquier orden.

Una vez que Berlanga habló con mi capitán, este me llamó y me presenté ante él. Yo sabía para qué me llamaba.

—¡A la orden, mi capitán! Se presenta el cabo Martín. ¿Qué desea, mi capitán?

—Me ha dicho el amigo Berlanga que eres un tirador de primera y que te necesita en la patrulla de tiro. Le he dado el visto bueno, de modo que por un tiempo estará usted rebajado de todo y solo a las órdenes de Berlanga. Ya me contará. ¡Que le vaya bien, cabo Martín!

Me marché cavilando por qué el capitán de mi compañía, Julián Pontón, me trataba tan correctamente a pesar de que yo había estado dos meses en el calabozo; un capitán sin humanidad, con muy mala leche y que daba hostias a diestro y siniestro. Desde ese momento, comenzó una etapa que, dentro de lo malo, fue lo mejor que me pudo pasar en esos dieciocho meses de servicio militar.

Después de recoger al día siguiente todo mi nuevo equipo y depositarlo en mi taquilla para, a la próxima jornada, incorporarme en la patrulla de tiro, se me acercó el cabo Pringadera.

—Oye, Martín, que dicen que te has enchufado en la patrulla de tiro. No veas la suerte que tienes.

—Pues ya ves tú, yo no sabía que disparaba tan bien. Un teniente de la tercera, que se llama Berlanga, me ha llamado para que me incorpore a ese grupo de tiro y ya estoy rebajado de todo servicio, ¡¡bieeeen!! —grité tan fuerte que se escuchó en toda la compañía.

Esa tarde estuve tumbado en mi litera muy tranquilo y leyendo un libro, que aún recuerdo: *Matar a un ruiseñor*, de la autora americana Harper Lee, uno de tantos de los que absorbí durante la mili; cuando de pronto vi aparecer entre la fila de literas la gran humanidad, mejor dicho, la gran obesidad del cabo primero Mendoño Matamala, que dirigiéndose a mí, me dijo:

—Cabo, ¿qué hace usted ahí tumbado? ¿Qué hace usted que no se encuentra con el resto de la compañía en el campo de instrucción? Le voy a meter un paquete que se va a enterar. ¡Póngase en pie!

Este cabo primero, Mendoño Matamala, era una persona que tenía una facilidad pasmosa de meterse en camisa de once varas y en ese momento se estaba metiendo en un buen charco.

—¡A la orden, mi primero! —lo saludé indolente llevándome la mano a la frente.

—¿Qué le ocurre, es que no escarmienta usted después de haber estado dos meses en el calabozo? Le he preguntado, ¿qué hace usted tumbado en la litera mientras sus compañeros hacen instrucción?

—Eso se lo pregunta usted al capitán Pontón —le contesté mientras pensaba que ese tío era gilipollas.

El cabo primero Mendoño se quedó confuso con la respuesta que le di, como pensando que yo me había vuelto loco, y siguió, pero algo mosca.

—¿Cómo dice, cabo? Repita lo que me ha dicho.

—Lo que ha escuchado usted, mi primero, que se lo pregunte al capitán Pontón. Él se lo explicará.

La cara y la actitud de Mendoño Matamala iban cambiando y ya no estaba seguro de lo que estaba ocurriendo con mis respuestas, así que cambió de estrategia.

—Y dígame, ¿por qué se lo tengo que preguntar al capitán?

Todo el mundo en la segunda compañía conocía las meteduras de pata de este cabo primero, así que los pocos soldados que andaban por allí y que no estaban cumpliendo algún servicio se acercaron para observar mi diálogo con Mendoño Matamala.

—Mire, mi primero, no me voy a levantar de mi litera porque no tengo ganas de seguir esta absurda discusión y ya le he explicado que se lo pregunte al capitán Pontón; a lo mejor se puede meter en un buen lío. Y, por favor, déjeme seguir leyendo.

Mendoño se olió algo raro y comenzó a recular, a refunfuñar y a no saber cómo evadirse de aquella conversación.

—Ahora mismo voy a dar parte de usted, ya verá la que le va a caer. —Se quitó de en medio con el rabo entre las piernas y sin aclararse.

Los soldados que estaban presentes en el debate sonrieron, sabiendo que yo estaba rebajado de todo servicio y que tenía permiso para estar en mi litera o sesteando, y que, además, solo me podía dar órdenes el teniente Berlanga por orden de mi capitán. A partir de ese encontronazo con Mendoño Matamala, cada vez que se cruzaba conmigo por la compañía evitaba mi mirada, sabiendo que había metido la pata una vez más.

Al día siguiente, me levanté sobre las nueve, desayuné, recogí mi fusil Mauser y me marché hacia el campo de tiro. Una vez allí, me presenté a todo el equipo, compuesto por diez o doce soldados; el único cabo era yo. El teniente Berlanga no estaba por allí, por eso pregunté:

—Bueno, ¿qué hay que hacer por aquí?

—Cabo, lo primero es que nos eche una mano para trasladar estas cajas de municiones hacia aquella zona más cerca de la playa y después nos ayuda a acotarla con esos banderines para que nadie cruce y se lleve un tiro perdido.

Aquellas cajas de madera repletas de munición pesaban un montón y necesitaban de dos personas agarrando las cuerdas que hacían de asas. Se colocaron también las dianas, que consistían en la silueta de un soldado con un arma en la mano a tamaño natural. Esas siluetas las colocaron a una distancia de unos doscientos metros, una distancia media, ya que el alcance efectivo del fusil Mauser es de quinientos con el alza y el punto de mira, ochocientos, con mira telescópica y su alcance máximo está en los mil cuatrocientos metros. Su cargador está alimentado con un peine de cinco cartuchos.

—Bueno, muchachos, ¿y ahora qué hay que hacer? —pregunté dirigiéndome a la gente del grupo de la patrulla de tiro.

Uno de este grupo me respondió: parecía el más inteligente o el líder de la patrulla.

—Pues escoge una de las siluetas que tienes ahí enfrente y empiezas a pegar tiros. Cuando quieras comprobar las dianas y disparos que dan en el blanco, pega un grito de alto el fuego y, si no, esperas a uno de los descansos que hacemos y así te podrás acercar a esas siluetas. ¡Ten cuidado, no intentes acercarte sin previo aviso, te podríamos pegar un tiro!

—¡Coño, que no soy tan tonto! —le aclaré a aquel espabilado.

Me arrojé al suelo y comencé a disparar peine tras peine sin ningún descanso: no recuerdo cuántas balas salieron de mi Mauser, pero creo que fueron cientos. En una de las pausas que hicimos, uno de los compañeros de tiro me dijo:

—Cabo, tranquilo, que vas a acabar con todas las balas de esa caja. Deja algo para nosotros, que hay más días.

En esa pausa, me acerqué a mi silueta, que estaba rota y destrozada por tantas balas, pero solo en la cabeza, que había casi desaparecido; el resto del cuerpo estaba intacto. Algunos de los compañeros también se acercaron para comprobar las dianas que habían hecho y, al observar mi silueta, exclamaron:

—¡Vaya puntería, cabo! Le has arrancado la cabeza al muñeco. ¡Vaya mano que tienes!

Tuve que ir por otra silueta, ya que la cabeza del muñeco había desaparecido pulverizada por mis disparos. Al poco rato, apareció el teniente Berlanga y, desde lejos y pegando un grito, me llamó:

—¡Cabo Martín, cabo Martín! —Con tantos tiros, no escuché los chillidos del teniente, que tuvo que acercarse y tocarme el hombro por detrás—. ¿Qué tal, cabo? Ya conoce a sus compañeros, ¿verdad? ¿Qué le parece este trabajo? ¿Cómo le ha ido la mañana?

—¡Muy bien, mi teniente! Ya he tenido que cambiar una silueta, porque le he arrancado la cabeza con unos cuantos disparos.

—Bueno, pues siga así. Yo no le voy a dar ningún consejo porque soy un tirador mediocre, solo le pido que siga disparando así de bien, que quizás este fin de semana tengamos que desplazarnos para competir. —Echando un vistazo por aquellos alrededores, terminó marchándose.

Uno de los compañeros de tiro se acercó y me preguntó:

—¿Qué te ha dicho el teniente, Martín?

—Nada en particular, lo que sí me ha comentado es que quizás este fin de semana tengamos que salir fuera. No sé lo que habrá querido decir con eso.

—Es que estamos pendientes de participar en una competición de tiro en un acuartelamiento de Sevilla, pero la han aplazado varias veces y el teniente está impaciente porque participemos, pues sería la primera prueba de este reemplazo. Por si no lo sabes, todavía no hemos intervenido en ninguna prueba —me aclaró el compañero.

—¡Cabo, vamos a hacer un descanso de media hora! —me gritó el soldado que parecía el líder de la patrulla y se pusieron a comerse unos bocadillos que traían preparados.

—Oye, cabo, ¿tú no traes nada para comer? Ya sabrás que la mañana se hace muy larga aquí en la playa —me dijo otro de los compañeros.

—Pues no, yo no sabía que descansabais para tomar un bocata, pero de todas maneras no sé de dónde voy a sacarlo, pero bueno, ya me llegaré a la cocina a ver si pesco algo.

—No te preocupes —me dijo y, entre la comida de unos y otros, me consiguieron un par de bocadillos.

Después de pasada la media hora de descanso y bocadillo, nos tumbamos en el suelo y seguimos disparando ininterrumpidamente sin mirar a los lados ni a ningún sitio que no fuese la silueta. Seguí gastando peine tras peine hasta que la cabeza de la imagen del soldado que hacía de diana, que era de madera, saltó por los aires reventada.

Terminada aquella jornada de tiro mañanero, recogimos todos los utensilios y pertrechos y nos despedimos para vernos al día siguiente en el mismo lugar del campo de tiro junto a la playa, no sin antes llevar las cajas de municiones al cobertizo donde trabajaba el maestro armero, que, en este caso, era un brigada muy mayor. Esto de que había que entregar las municiones todos los días yo no lo sabía, pero bueno, así conocí a este hombre, que las veces que traté con él resultó ser una buena persona. Esa mañana, a pesar de que los dieciocho meses de mili fueron degradantes y muy duros, la pasé muy feliz con ese fusil Mauser en mis manos: se me pasó volando, mejor dicho, disparando y pagando mi agobio y mi cabreo con el muñeco diana.

Esa tarde la recorrí sin incidencias y dando vueltas por el interior de la compañía sin hacer nada en concreto y recuerdo que el grandullón y fornido Martín Martín, al que algunos llamaban el Tres emes, porque su nombre era Manuel, estaba sentado en la parte superior de la litera de dos cuerpos. Al verme me saludó, con voz ininteligible:

—Cabo, ¿qué pasa? ¿Cómo estás?

—¡Hombre, Martín Martín! Hace tiempo que no te veo. ¿Dónde andas?

—Estoy destinado en caballerizas para cuidar y cepillar a los caballos de algunos oficiales y baldear las cuadras. Allí estoy muy tranquilo.

—Estarás rebajado de servicio, ¿verdad?

Manuel Martín Martín era poco hablador y muy cohibido y huidizo, quizás porque lo sacaron de su terruño, de donde no había salido en los veinte años de su existencia y donde hablaba con muy poca gente, la mayoría, analfabetos. Al mirarlo, yo pensaba cómo era posible que un chaval tan alto, con ese cuerpo tan fornido y no mal parecido, fuese tan introvertido. Seguro que al ver la manera de tratar tan vejatoriamente a la tropa de este cuartel y que todo el mundo se achantaba, fue encerrándose en sí mismo y adquiriendo un miedo enfermizo, de tal manera que veía unos galones y se echaba a temblar. Posiblemente, en las cuadras se encontraría seguro, pues a ellas no se llegaba nadie, excepto algún que otro oficial de tarde en tarde para montar a caballo.

—Bueno, estoy rebajado solo a hacer guardia, pero tengo que hacer imaginarias y retenes, y a veces algo de instrucción —me contestó el esquivo e infeliz soldado Martín Martín.

—Serán cabrones —le dije pausada y amistosamente—, ¿no te han podido rebajar de toda clase de servicios? ¡Cómo se aprovechan de los débiles!

—Cabo, pero yo estoy muy bien y muy tranquilo cuidando a los caballos —se autocomplacía el chaval.

—¡Ya, ya! Bueno, Martín, me alegro de que estés bien en ese destino y me alegro de verte.

Me marché pensando que aún había gente que lo pasaba peor que yo en la mili, aunque ellos creyeran que estaban bien, porque no sabían nada sobre la libertad de decidir y nada sobre derechos humanos.

A la mañana siguiente, me levanté un poco más temprano y, cuando toda la compañía se dirigía a tomar el desayuno, me sumé a ellos y desayuné junto al Pringadera. Una vez que terminé, me llegué a la cocina y uno de los amigos cocineros me dejó que echara tres huevos en la gran sartén, que casi siempre estaba calentando aceite. Me llevé los huevos fritos en la marmita (ollita de metal con tapadera y asa) y un gran chusco: ese sería mi refrigerio en el descanso de mitad de mañana en la patrulla de tiro. De inmediato, me dirigí al campo de tiro junto a las dunas de la playa y allí me reuní con mis nuevos compañeros, que ya se estaban incorporando al grupo.

—Bueno, ¿y hoy qué? —pregunté.

—Coño, pues lo mismo que ayer y que mañana: a gastar munición —me contestaron.

—¡Joder, no me he acordado de ayudar a traer los embalajes de munición de la armería! —les dije, recordando que había que ir a por ellos.

—¡No te preocupes, ya te tocará! —volvieron a contestarme.

—Hoy voy a colocar la diana cincuenta metros más lejos, a ver si sigo teniendo la misma puntería a los doscientos cincuenta —dije desafiante, pero sonriendo.

—¡A ver si te crees que te van a dar un premio, Martín! —me gritó el soldado que parecía el líder del grupo y que también parecía el más listo.

—Oye, ¿tú cómo te llamas? —le pregunté.

—Yo me llamo Lozano; bueno, me llamo José Luis, pero me llaman por mi apellido, Lozano.

Me hice el tonto y le contesté:

—¿De verdad dan premios por tener muy buena puntería?

El grupo comenzó a reír y uno de ellos dijo:

—¡Será gilipollas! ¡Te van a dar una mierda, cabo!

—Bueno, yo voy a poner el blanco cincuenta metros más lejos y a ver qué ocurre con mi puntería.

Clavé el muñeco a los doscientos cincuenta metros, me tumbé en el suelo y me dispuse a disparar. Todos los soldados de la patrulla se quedaron mirando expectantes e interesados para ver lo que ocurría, porque en ella nadie tenía iniciativas a la hora de hacer algunas cosas nuevas y así distraerse, y yo, estas inventivas mías, las tomaba como un juego y un desafío. La diana ya no la veía tan nítida al encontrarse más alejada que el día anterior, pero otra vez inicié el pim, pam, pum. Luego, me incorporé; me dirigía hacia el blanco cuando Lozano me detuvo:

—Espera, espera, que voy a comprobar yo tus disparos. —Nunca supe ni le pregunté por qué quiso ir en persona a ver aquellos balazos. Un par de soldados le acompañaron y, cuando volvieron, el soldado Lozano exclamó—. ¡Me cago en la leche! ¿Cómo lo haces, Martín? ¡Todos los disparos han dado en la cabeza! ¡Muchachos, somos una mierda al lado de este cabo! —gritó Lozano a todo el grupo de la patrulla de tiro, mirándolos y sonriendo.

Este segundo día dejé la diana a esa distancia de doscientos cincuenta metros y también tuve que cambiarla, pues estaba destrozada por mis disparos. Me comí los huevos fritos y el chusco en el descanso de media mañana: todos los compañeros se quedaron mirándome y también observando aquel bocadillo tan estrambótico; desde ese día todos los soldados de la patrulla compartieron sus bocatas conmigo y así no tuve que pedir más huevos a los cocineros. El teniente Berlanga no apareció ese día por el campo de tiro: al parecer, solo iba un par de días a la semana y nos dejaba trabajar a nuestro aire. Por lo visto, confiaba mucho en los hombres de su patrulla.

Uno de esos días de la primera semana, como integrante de la patrulla de tiro, en los que estábamos disparando los once soldados del grupo, de repente avistamos un movimiento de personas que habían atravesado los banderines de seguridad que siempre colocábamos para delimitar aquella franja donde nos ejercitábamos para el tiro. Avisaban del peligro de atravesar dicha zona; en ellos se podía leer: «¡ATENCIÓN, PELIGRO! ¡NO CRUZAR! Zona de tiro militar». Aquel grupo de personas, dos o tres mayores y tres o cuatro menores, se acercaban jugando y no se percataron de los rótulos que avisaban del peligro que suponía adentrarse y situarse al alcance de nuestros mosquetones.

—¡Alto el fuego! ¡Alto el fuego! —gritó el soldado que primero avistó al grupo de personas civiles.

Inmediatamente, cesaron los disparos y nos dirigimos a donde se encontraba aquel grupo de personas que iban jugando por la orilla de la playa y que, al vernos correr hacia ellos y escuchar las detonaciones, se encontraban un poco aturdidos. Hablamos con ellos para que se marcharan y tuvieran más cuidado cuando caminaran por esa parte de la playa. A los próximos días, doblamos el número de rótulos y banderines que anunciaban del peligro del campo de tiro militar.

A veces, otros días, en vez de dispararle a las siluetas, me dedicaba a dispararle a las gaviotas que paseaban por la orilla de la playa de la ensenada malagueña y también a otra clase de pájaros, un poco más pequeños que las gaviotas, pero que se movían mucho más rápido. Por supuesto, nunca acerté porque el blanco era mucho más pequeño y estaba más alejado.

Un viernes, el teniente Berlanga nos citó a todo el grupo de la patrulla de tiro en su despacho de la tercera compañía.

—Muchachos, mañana es sábado y nos marchamos a Sevilla porque vamos a participar en un campeonato en el que se valora, además del acierto en las dianas, también la velocidad de disparo; de modo que tenéis que ir preparando y poniendo a punto vuestro fusil y todos vuestros arreos. Nos alojaremos en un cuartel de infantería, pero la competición la haremos en un campamento diferente y en las afueras. Mañana estaréis todos a las diez en la entrada de esta compañía: un autobús pequeño nos trasladará a Sevilla y a ese cuartel.

A la mañana siguiente, sábado, nos marchamos a Sevilla y, una vez llegados, nos alojamos en un pequeño cuartel donde se comía bastante bien y las camas no eran literas, sino normales, para una sola persona y muy confortables. Por la tarde, después de almorzar, el teniente Berlanga nos permitió dar una vuelta por Sevilla y dijo que volviéramos a la hora de la cena y, una vez terminada esta, nos fuéramos a la cama a descansar el mayor tiempo posible, porque al día siguiente, domingo, tendríamos que competir y había que estar muy despiertos.

El domingo por la mañana nos desplazamos a un campamento militar donde habían situado varias dianas con diferentes figuras y habían instalado un gran anfiteatro con su graderío para los mandos y jefes militares. Alrededor del perímetro se agolpaban una gran muchedumbre de soldados, que, me imagino, pertenecían al propio campamento y esperaban expectantes para presenciar aquel «gran espectáculo» de balazos. La competición era a nivel andaluz y participaban cinco equipos, por lo que supuse que faltaban tres provincias. Los cinco equipos fuimos saliendo y disparando uno tras otro. A nosotros nos perteneció comparecer en cuarto lugar y los recuentos de puntos en las dianas no se contabilizaban hasta que todos los equipos no hubieran finalizado. La distancia de las siluetas estaba en los 200 m, la misma a la que nosotros entrenamos, por lo que no nos era demasiado desconocida. Cada equipo presentaba a ocho competidores, por lo que tres soldados de nuestro equipo de tiro se quedaron de suplentes.

En el momento de salir, yo estaba un poco nervioso, cosa rara, pero sería porque no era lo mismo estar en la playa disparando a mi aire y hablando con mis compañeros de la patrulla de tiro que en una competición entre militares y con una caterva de altos mandos, jefes y tropas, todos mirando y deseando que los soldados de sus pertenecientes acuartelamientos fuesen los ganadores de esa competición. Una vez frente a mi diana, encaré mi Mauser hacia aquel soldado de cartón y madera y comencé a disparar mis cinco cartuchos; un descanso de dos minutos y vuelta a disparar otros cinco cartuchos; y así cinco veces: ese era el procedimiento. Una vez terminada nuestra intervención, nos retiramos para que el quinto equipo entrara en competición.

Terminada aquella vistosa contienda en las dos modalidades, puntería y velocidad, se efectuó el recuento de los puntos de cada equipo, quedando primero el cuartel de Benítez, segundo un cuartel de Sevilla y tercero un cuartel de Granada. En puntuación de blancos acertados, quedé en primer lugar y en segundo lugar, a escasos puntos, un chaval de mi grupo que se llamaba Carlos y con el que yo hasta el momento no había tenido mucha relación; sin embargo, en velocidad de disparo quedó primero él y yo, en tercer lugar. Los once componentes del equipo de tiro del Regimiento Aragón 17, campamento de Benítez de Málaga, subimos al podio junto al teniente Berlanga, que no cabía en su uniforme. Recibió de manos de un capitán general un trofeo con una figura que consistía en un peine de cinco balas muy bonito. Es una pena que no conserve alguna de las fotos de ese acontecimiento: con el paso del tiempo se me han extraviado.

Una vez de regreso a nuestro campamento Benítez, íbamos comentando las incidencias de esa competición y de la aceptable comida que ponían en el cuartel donde nos alojamos en Sevilla a diferencia de la cochinada que servían en el nuestro. El teniente Berlanga departía con nosotros algunas de las circunstancias de la competición y comentaba conmigo que, a pesar de haber quedado primero en puntería y puntos, algunos de mis disparos no fueron tan precisos como era habitual. Le comenté que, al comenzar a disparar, me encontraba un poco nervioso y que esa circunstancia no era habitual en mí, pero, conforme iba disparando, se fueron templando; seguramente aquellos disparos que no estuvieron tan precisos eran los del primer peine de balas. Una vez llegados al Benítez, el teniente se despidió del grupo y nos dijo que al día siguiente, lunes, nos tomáramos el día de permiso y que el martes nos veríamos. También comentó que le daría la noticia al coronel de que habíamos quedado primeros en la prueba de tiro de Sevilla. Nos despedimos y cada uno de nosotros nos marchamos a nuestras correspondientes compañías.

Me marché muy satisfecho hacia mi segunda compañía pensando entonces ahora estaba atravesando una aceptable etapa en esa patrulla de tiro y que desde mi entrada en aquel cuartel era la primera vez que me encontraba muy tranquilo y mi mente, serena. Me puse a escribir a mi novia Rafi, como regularmente realizaba, relatándole todas las incidencias y los pasos que yo daba dentro de la patrulla de tiro; también le hablaba de que había quedado primero en Sevilla. Es curioso: en respuesta a esta carta, mi novia me comentaba que tenía una amiga cuyo novio estaba también en la patrulla de tiro y se llamaba Carlos, por lo que lo relacioné con el compañero de grupo que quedó segundo y con el que no tuve demasiada relación ni conversación en esos primeros días de mi incorporación.

Serían las siete de la tarde de ese domingo, y una vez en el interior de la compañía, cuando había terminado de escribirle a mi novia Rafi, cuando me dejé caer en mi litera quedándome dormido. Al poco, me despertó el Melilla, que, dando un salto, se encaramó en lo alto de mi litera. Se sentó a mi lado y me preguntó:

—Oye, Martín, ¿cómo habéis quedado en la competición de Sevilla?

—¿Tú qué crees, Melilla? Pues que he quedado primero en aciertos y en puntuación y tercero en velocidad de disparos; pero lo mejor, Melilla, es lo bastante bien que hemos comido y dormido el poco tiempo que hemos estado allí. Yo no sé por qué se come aquí tan mal y en otros cuarteles se alimenta a los soldados muchísimo mejor o, por lo menos, con una comida normalita. ¡Este cuartel es una calamidad! —Y seguimos hablando de las cosas de la compañía.

En esa semana en la que retomé mi trabajo en la patrulla, me dirigí al llamado Carlos y le pregunté:

—¡Oye, compañero! ¿Tu novia vive en el Arroyo de los Ángeles?

—¡Pues sí! ¿Cómo lo sabes?

—Porque mi novia también vive allí y por lo visto conoce a la tuya.

De esta manera, a partir de ese día, Carlos y yo nos hicimos bastante amigos y siempre estábamos disputando quién disparaba mejor, pero la verdad era que yo siempre quedaba por delante de él.

El lunes de mañana, cuando me encontraba afeitándome en los lavabos de la compañía, observé una pequeña hinchazón en el pómulo derecho. Ya había notado un resquemor en esa zona de la cara: palpé la inflamación y me molestaba al presionarla. Estaba claro que el culpable de esa hinchazón era mi fusil Mauser, que, debido al excesivo retroceso, me golpeaba en el hueso malar y, si lo descuidaba, podía ir a peor; por lo tanto, pensé llegarme a la caseta de la armería y hablar con el brigada para ver la solución que se le podía dar a ese fusil. Me decidí y esa misma mañana me llegué a la armería para ver al brigada.

—¡A la orden, mi brigada! Aquí vengo para ver si puede afinarme este fusil, porque mire usted cómo tengo el pómulo por el retroceso de mi Mauser, que aquí se lo traigo.

—Tú perteneces a la patrulla de tiro, ¿verdad? Porque este fusil lo he manipulado yo.

—¡Sí, mi brigada, soy de la patrulla! Este Mauser quedó en el primer puesto en el campeonato de tiro en Sevilla.

—¡Vaya, hombre! Tú eres el cabo que tiene tan buena puntería, ¿verdad? —Se quedó mirándome fijamente.

—¿Qué pasa, mi brigada, que ya soy famoso en el campamento? Pues yo no sabía que tenía esa buena puntería: nunca había disparado ningún arma, mi brigada.

—Bueno, déjamelo y mañana vienes a ver lo que he podido hacer con tu fusil, que por lo visto le tienes mucho cariño.

A la mañana siguiente me llegué a la armería: una gran habitación con una gran mesa de trabajo de madera, un torno, una taladradora y varias máquinas para el arreglo y puesta a punto de los fusiles y otras armas de fuego.

—¡Buenos días, mi brigada! ¿Cómo va eso? ¿Hubo arreglo o no?

—¡Hola, cabo! Pues has tenido suerte porque tu fusil es nuevo y una preciosidad, aunque muy duro; pero finalmente lo he podido amortiguar, he torneado y he rebajado un par de piezas, y creo que ha quedado perfecto.

La verdad era que aquel Mauser era un arma perfecta, digna del mejor francotirador, que no era yo, porque seguro que por ahí habría gente que dispararía mejor que el cabo Martín.

—Bueno, mi brigada, gracias por todo, porque la culata de este —señalé mi fusil— me estaba haciendo daño y podría dificultar mi puntería.

Me dirigí impaciente hacia el campo de tiro de la playa para tantear y probar cómo había quedado mi fusil. Una vez que llegué, estaba tan impaciente que no saludé a nadie: metí el primer peine y comencé a disparar. Inmediatamente noté que el retroceso casi había desaparecido y que el sonido de los disparos ya no era tan brusco ni tan sonoro, ¡pum, pum, pum, pum!, ya que aquel cerrojo se deslizaba como en una pista de hielo.

—Oye, Martín, ¿qué es lo que te ha pasado hoy que has llegado tarde? —escuché detrás de mí.

—¡Vale, vale! Que vengo de la armería de afinar mi fusil, ¡leche!

—¡De afinar tu fusil! —exclamaron a coro varios compañeros del grupo—. ¿Qué pretendes, hacer más dianas todavía?

—¡No, hombre! —contesté al grupo—. ¿Es que no veis la hinchazón que tengo en la cara? Es por el retroceso del fusil y me lo han afinado.

—¡Pues es verdad! Tienes el pómulo un poco hinchado, Martín.

Seguí disparando peine tras peine y, aunque la cara me punzaba un poco, notaba que mi Mauser se comportaba mucho más suave. Las dianas continuaban reventándose con mis disparos y mi puntería seguía intacta; es más, como he dicho, el cerrojo se deslizaba suavemente y con una velocidad endiablada, y, para expulsar el casquillo después de haber disparado, con solo darle un pequeño toque a la bola del cerrojo con el dedo corazón retrocedía como si lo empujara un muelle automático dispuesto a recibir un nuevo peine de balas. ¡Fantástico!

De aquel período en que estuve en la patrulla, recuerdo otra competición en Granada porque hubo algunas situaciones que se me quedaron en la memoria. Un buen día se presentó en la playa el teniente Berlanga y se dirigió al grupo:

—Muchachos, este próximo domingo tenemos una competición de tiro en Granada. Saldremos el sábado por la tarde y nos alojaremos en un cuartel de artillería. El torneo está programado para la mañana del domingo y esa misma tarde estaremos de vuelta.

Ese sábado nos marchamos por la mañana temprano y nos alojamos en un cuartel pequeñísimo, con muy poca dotación militar. Desayunamos allí y, como otras veces que salíamos y comíamos fuera de nuestro cuartel de Benítez, la comida era infinitamente superior. El teniente Berlanga nos dio permiso para pasear por Granada hasta la hora del almuerzo. El comedor de ese cuartel granadino nada tenía que envidiarle a un pequeño restaurante de barrio, por lo limpio y la comida bastante aceptable.

—¡Oye, aquí estáis de puta madre! —le solté a un soldado que comía en otra mesa junto a la nuestra.

—¡Pues la verdad es que no estamos nada mal! Y tampoco hay demasiados superiores que nos manden, los jefes se portan bien… ¡No, no estamos mal, pero como en casa, nada! —me contestó aquel soldado—. Ustedes sois los del torneo de tiro, ¿verdad?

—¡Sí, pertenecemos a la patrulla de tiro del campamento Benítez de Málaga! —le contesté.

—¿Disparáis bien?

—¡Hombre, no lo hacemos nada mal! ¿Por qué lo preguntas? ¿Es que ustedes participáis?

—No, es que tengo un amigo de otro cuartel de aquí de Granada que participa con su equipo y me ha comentado que su capitán les ha dicho que como no queden los primeros va a empaquetar a todo el grupo.

—¡Pues vaya! Ese capitán debe ser un cabrón, pero, si te digo la verdad, veo difícil que queden los primeros. —Me quedé mirando a mis compañeros de la patrulla, que comíamos muy juntos, poniendo cara de circunstancia.

Al día siguiente, nos desplazamos a otro cuartel de Granada donde, en un gran patio, tenían preparado todo con la solemnidad y parafernalia necesaria para comenzar la prueba de tiro. Ese día participaban nueve equipos: dos de ellos eran de cuarteles granadinos y otros dos, de Almería; uno de Córdoba, otro de Huelva, otro de Cádiz, uno de Sevilla y nosotros; los de Jaén no tenían representación.

—Oye, ¿de verdad que os pueden castigar si no quedáis primeros en este torneo? —le pregunté a un integrante del equipo granadino.

—¡Pues sí! Tenemos a un capitán que es un hijo de… —No terminó la frase y miraba a su alrededor.

—¿Y por qué no os marcháis del grupo de tiro? —le respondí.

—Porque sería mucho peor y nos castigarían de todas maneras —aseveró aquel soldado.

Salimos a competir en cuarto lugar. Ocupamos nuestras posiciones: siempre nos situábamos en el mismo lugar dentro del grupo, de izquierda a derecha; yo ocupaba invariablemente el séptimo lugar. Aquellas siluetas, o blancos, nunca las había visto: eran de medio cuerpo y diferentes a las que teníamos en el campamento Benítez, que eran de cuerpo entero. Las cabezas de los maniquíes eran reproducciones impecables de soldados alemanes, con aquellos característicos cascos de la Segunda Guerra Mundial. Como novedad, estos muñecos tenían una diana con círculos concéntricos numerados sobre el pecho, con lo que nuestro teniente Berlanga nos advirtió que lo que puntuaban eran los disparos acertados en la diana numerada del pecho.

Me dispuse a disparar y, no sé cómo ocurrió, el primer peine y sus cinco balas se incrustaron en la cabeza del muñeco alemán quedando destrozada; algunos pensarían que odiaba a los soldados alemanes y que por eso le quité la cabeza. Dándome cuenta de mi error, rectifiqué y todos los disparos que siguieron se concentraron en el círculo más pequeño de la diana. A pesar de ello, la puntuación fue superior a la de todos los participantes y mi equipo también quedó en primer lugar. Mi puntería había aumentado con aquel ajuste que había hecho el brigada armero en mi querido fusil Mauser.

En la prueba de velocidad de disparo, también alcancé el primer puesto, siempre por delante de mi compañero Carlos. Yo estaba asombrado: aunque ya había practicado muchas veces desde que el brigada armero le suprimió parte del retroceso a mi Mauser, aquel cerrojo se deslizaba muy silenciosamente y la frecuencia de disparos fue un visto y no visto. El teniente Berlanga, que contabilizó los disparos y el tiempo entre cada uno de ellos, me explicó que, según su cronómetro, yo disparaba cada bala entre cuatro y cinco segundos: disparar, tirar del cerrojo hacia atrás y casquillo afuera, empujar el cerrojo hacia delante y disparar. ¡Una barbaridad! ¡Ah, y acertar!

Prácticas con el lanzagranadas

No sé si castigaron al grupo de tiro de los soldados de Granada por no quedar los primeros: todo era posible con aquellos militares.

Un comienzo de semana, se acercó Berlanga cuando tomábamos un bocadillo a media mañana; nos pusimos todos de pie para saludarlo y sin mediar palabras nos comentó:

—Venid conmigo. Durante tres o cuatro días vais a conocer otras armas. Al que no le interese, se puede quedar aquí en la playa disparando su fusil, pero considero que es muy interesante que conozcáis otras armas de fuego.

Nadie se quedó en la playa y todos seguimos al teniente a una zona apartada del cuartel donde se encontraba un teniente desconocido que, al parecer, no pertenecía al Regimiento Aragón 17. Tres soldados lo acompañaban junto a un camión. Berlanga lo saludó con un apretón de manos: se conoce que eran muy amigos porque se apartaron un poco de nosotros y dialogaban muy amigablemente. A los diez minutos, volvieron junto a nosotros.

Pistola STAR

—Vamos a ver, aprovechando que mi amigo —señaló Berlanga al teniente desconocido— está de paso y lleva un material pesado y otras armas de infantería, nos va a enseñar a disparar con todo ese armamento con el que no habéis entrenado nunca; de modo que iremos a la zona este del cuartel y practicaremos con esas armas.

Una vez llegados a la zona, me percaté de que era donde estaban los restos del cortijo donde limpiamos tantos ladrillos cuando estuve en el calabozo. Los tres soldados que acompañaban a aquel teniente cogieron de aquel camión una ametralladora bastante pesada y la depositaron en el suelo apoyada en un fuerte bípode. Aquel arma era enorme y podía disparar tiro a tiro y a ráfagas. Después de algunas instrucciones de aquel teniente sobre ella, me tiré al suelo y comencé a disparar. Aquel cacharro, a pesar de ser tan considerable, no tenía ningún retroceso y su exactitud era muy notable. No recuerdo el modelo de aquella metralleta, pero era bastante parecida a la ametralladora media M240G. Aquella destrozaba todo lo que se pusiera por delante, pero, para ser eficaz al cien por cien, tenía que estar apoyada en su bípode.

Una cosa curiosa que recuerdo sobre este día fue que, cuando a un compañero de la patrulla de tiro le llegó el turno de disparar y se encontraba tumbado dispuesto a comenzar, el teniente le explicó algo sobre el artefacto sin tener en cuenta el peligro que corría, pues la explicación se la estaba dando delante de la ametralladora, confiando en la serenidad del soldado de la patrulla. Inesperadamente, y sorprendiéndonos a todos, mi compañero comenzó a disparar, dando un gran susto al teniente amigo de Berlanga, el cual dio un gran salto quitándose de la trayectoria de las balas de la ametralladora que disparaba mi amigo. Todos nos llevamos las manos a la cabeza por lo que había podido pasar; sin embargo, aquel teniente, haciendo gala de un inalterable aplomo, ni se inmutó ni le concedió ninguna importancia al incidente. Mi compañero dejó la ametralladora pálido como un cadáver temiendo ser reprendido severamente por su imprudencia al disparar teniendo a un blanco humano delante de su arma, aunque el teniente también fue un imprudente por posicionarse delante de una a punto de hacer fuego. Por suerte, todo quedó en nada.

Fusil MAUSER

En esos tres días, experimentamos la pistola STAR 9 mm: tenía un gran retroceso y a cada disparo mi brazo rebotaba hacia arriba; con esa, mi puntería no era tan buena y pensaba que lo mío era el fusil Mauser. Otra de las armas que tuve en mis manos fue un lanzacohetes o bazuca (*bazooka*), un arma muy potente y destructiva que estaba diseñada para abatir carros de combate y tanques. Frente a nosotros colocaron unos barriles de hierro, que no sé de dónde los sacaron ni quién los trasladó allí, simulando una pequeña torre y a una distancia de sesenta o setenta metros. Cuando me tocó el turno de disparar, puse el bazuca en mi hombro y disparé el proyectil: los barriles salieron volando destrozados, alcanzando los trozos de hierro una altura de quince o veinte metros. ¡Un arma demoledora! También estuvimos practicando las granadas de mano POI y POII; para mí, estas granadas eran pocos efectivas, puesto que tenían un radio de acción muy reducido. La POI era de baquelita y constaba de un obturador roscado como seguro de transporte, una espoleta de impacto por bola de inercia y un seguro de distancia con un trozo de tela y un contrapeso de plomo que iba enroscado a la espoleta; el efecto eficaz se obtenía en un radio de dos metros aproximadamente. El modelo POII era parecido, pero con un radio de acción eficaz de diez metros.

Seis meses llevaba en la patrulla de tiro y creo recordar que fueron seis competiciones en las que participamos y todas con el mismo resultado. En esa época, ya conocían a la patrulla de tiro del cuartel de Benítez en todos los cuarteles de Andalucía, pues en cualquier competición en la que el grupo participaba siempre acababa el primero. Tengo que reseñar que desde entonces solo he disparado alguna que otra vez con una escopeta de perdigones en la feria, pero con esas no daba ni una.

En esos tranquilos meses, mi vida transcurrió muy sosegada sin tener que realizar ningún servicio y solo obedeciendo las órdenes del teniente Berlanga, que eran pocas y fáciles. Solo tenía un inconveniente: no podía salir del campamento Benítez, ya que estaba castigado a permanecer en el cuartel a causa de haber estado dos meses en aquel maldito calabozo. Llevaba aproximadamente nueve o diez meses sin poder salir, aunque mi madre y mi novia me visitaban de vez en cuando; pero solo podían permanecer de visita durante un par de horas. Tengo que aclarar que la circunstancia de recibir un castigo de dos meses en el calabozo podía parecer como que habías cometido una falta gravísima, como robar, pegarle a un superior, perder un fusil y otras infracciones muy graves, y la realidad era que yo solo había incumplido una sanción que no estaba tipificada en el Código Militar.

La Semana Santa y el Cristo Mutilado

Por ventura, conocí que estaban reclutando a algunos soldados para llevar a hombros al Cristo Mutilado en la Semana Santa malagueña. El Cristo Mutilado era una cofradía auspiciada por los militares franquistas que habían sido heridos en la guerra civil española y, al parecer, a todos aquellos soldados que lo transportaban les concedían una semana de permiso. Ilusionado y siempre obsesionado con aquella esperanza de poder salir del campamento, hablé con el teniente Berlanga sobre esa cuestión y este me dijo:

—Lo siento, Martín, si yo pudiera te daba esa semana de permiso; pero la gente de la patrulla de tiro solo puede estar rebajada de servicio y estar un poco mejor que el resto del Regimiento. Los permisos solo los concede el coronel; antes también podían darlos los capitanes de compañía, pero desde que apareció este ningún capitán puede conceder permisos. ¡Lo siento, Martín! Haga usted lo que crea conveniente, pero si se marcha de la patrulla lo voy a sentir porque me quedo sin el mejor tirador que he tenido en mucho tiempo.

En el fondo, yo tenía muy serias dudas de si me concederían una semana de permiso si portaba a ese Cristo Mutilado, a mí, que había estado en el calabozo. Por eso, en el fondo yo tenía mis recelos. Estuve indagando y preguntando en algunos sitios y me informaron de que un sargento era el que llevaba aquello de la Semana Santa y lo del trono del Cristo Mutilado; también me dijeron que era de la quinta compañía. Creo que estábamos en el mes enero y la Semana Santa se celebraba en abril; por lo tanto, tenía que darme prisa en averiguar todo sobre las particularidades que requerían de los soldados para poder llevarlo.

Me acerqué a la quinta compañía y comenté con algunos cabos el tema: estos me dijeron que ese sargento encargado del trono no pertenecía a la quinta, sino que creían era de la cuarta compañía y que se llamaba Alcántara, sargento Alcántara. Sin pensarlo dos veces, me dirigí a la cuarta y pregunté por él: me indicaron que andaba por el cuerpo de guardia. Marché hacia allá y lo encontré hablando con alguien; me acerqué, lo saludé y le dije que quería hablar con él.

—A ver, ¿qué quiere, cabo?

—Mi sargento, me han dicho que usted está reclutando a soldados para llevar a hombros al Cristo Mutilado como todos los años y, como yo soy de Málaga, me gustaría poder sacarlo porque alguna que otra vez he llevado algún trono —le mentí: nunca había llevado ninguno; soy ateo desde pequeño y eso de llevar los tronos lo veo como algo artificial—, y también porque dicen que les dan una semana de permiso a todos los que lo llevan.

Se me quedó mirando y me contestó:

—Pues sí, a todos los que llevan el trono se les da una semana de permiso: es una tradición; pero tienen que entrenar muy duro durante un par de meses. De todas maneras, esta semana tengo que poner un aviso en el tablón de anuncios de cada compañía para que se inscriban todos los que tengan interés de llevar ese trono. El aviso estará expuesto durante unos días y ya veremos. En tu compañía te puedes inscribir y, si te apuntas de los primeros, seguramente puedas llevar el trono. De todos modos, la semana que viene, en esta compañía, estará expuesta la lista de los aproximadamente doscientos soldados que llevarán al Cristo Mutilado.

—Procuraré estar muy pendiente de ese bando, mi sargento, por si puedo inscribirme el primero —le dije y me marché saludándolo.

Todos los días siguientes, a cada media hora, me asomaba para ver si en el tablón de anuncios había algún papel de inscripción para alistarme en lo del Cristo Mutilado. Le comenté al teniente Berlanga lo que había hablado con el sargento Alcántara y me dijo que si me reclutaban se lo comunicara inmediatamente para buscar un nuevo tirador para completar la patrulla de tiro. Después de echarle un vistazo al tablón de anuncios cincuenta o cien veces, me encontré con el esperado bando y en el que todavía, por suerte, no había nadie inscrito: inmediatamente, puse mi nombre en aquel papel. Estuve pendiente para ver si se apuntaban algunos soldados de mi compañía y comprobé que no había mucho interés por llevar a ese Cristo a hombros: solo se habían inscrito seis o siete. Cuando desapareció aquel papel del tablón, me llegué a la cuarta compañía y allí pude comprobar el listado de todos los escogidos para llevar al Mutilado; entre todos aquellos nombres se hallaba el mío, Luis Martín Ruiz, y las instrucciones para presentarse al sargento Alcántara a los dos días siguientes en el lugar y la hora correspondientes.

A los dos días, la hora no la recuerdo, el lugar, el patio de armas; allí se encontraba el armazón de un trono. No recuerdo muy bien si tenía seis o nueve grandes apoyos que soportaban todo aquel peso. En su parte superior, como es lógico, no se encontraba el Mutilado, por el contrario, habían colocado en la plataforma superior decenas de sacos de cemento para reproducir el peso real del trono el día en el que saliera en procesión. Alrededor de unos doscientos soldados, quizás algunos más, nos encontrábamos en el patio para oír las órdenes e instrucciones que el sargento Alcántara, acompañado de algunos cabos primeros de la cuarta compañía, nos tenían que dar.

—¡A ver, todo el mundo! ¡Atención, soldados! Los más altos ocupad los extremos de los varales y los más bajos la parte central del trono.

Soldados portando el armazón del trono del Cristo Mutilado

Cada uno fuimos ocupando el puesto que buenamente podíamos, eso sí, los más espigados, los extremos y los más bajos, las partes más centrales. Yo era de los medianos, por lo tanto, me ubiqué cerca del centro; pero tardé en acoplarme y tuve que meterme bajo el trono. Varios de los cabos primeros que ayudaban al sargento Alcántara fueron recomponiendo y buscando el sitio más adecuado dentro del trono para cada soldado; al final, como he dicho, quedé bajo el trono.

Al día siguiente, todo el mundo estaba situado más o menos en el sitio que ocuparía bajo los varales del trono del Cristo Mutilado el día del Jueves Santo.

—Bueno, muchachos, vais a ocupar vuestro sitio bajo el trono y este soldado marcará el paso con el tambor, —señaló a un soldado con un tambor que estaba junto a él—, y procurad llevar todos el ritmo para que no piséis al que va delante. Tened en cuenta que el día de la procesión el trono pesará algo más que ahora. ¡Cuando escuchéis el tercer toque de campana, levantáis el trono!, ¿de acuerdo? —gritó el sargento.

¡Tan, tan, tan! ¡Arriba! De un gran impulso y hacia arriba subimos el trono sobre nuestros hombros con mucha facilidad: aquellos que íbamos en la posición central no llegábamos a tocar los varales, pero poco a poco estos fueron cediendo y arqueándose por la parte central hasta que noté caer el peso sobre mi hombro. ¡Ran, ran, rataplán!: el tambor redoblaba acompañándonos en el caminar portando el trono por todo el patio central del campamento Benítez, bajo la mirada curiosa de aquellos soldados que se encontraban fuera de servicio y revoloteaban por aquellos andurriales. Al encontrarme bajo el armazón, no distinguía lo que pasaba en el exterior, con lo que aquellos que estábamos allí debajo nos hallábamos a salvo de cualquier mirada o reproche del sargento o cabo primero de los que estaban a cargo de nosotros o de cualquier otro mando.

En un principio, aquel sargento lo que pretendía era que todos fuéramos con el mismo paso y que nadie lo perdiera, y también que lleváramos la misma cadencia del tamborilero. Pero cada vez se nos iba exigiendo algo más: otra jornada instó, mejor dicho, obligó a todos los que estaban en las zonas exteriores y que, por lo tanto, eran vistos desde fuera del trono, a dar los pasos elevando las piernas un poco más de lo normal, al estilo legionario; desde luego, así quedaba más espectacular. Entrenábamos todos los días durante tres o cuatro horas, que era un tiempo bastante corto, pero que estaba bien y era una aproximación a lo que tardaba el Cristo Mutilado en recorrer las calles de Málaga. Cada vez nos iba pesando más ese trono.

En uno de aquellos días, cuando me encontraba descansando en la segunda compañía, después de terminar la jornada y de pasear las decenas de sacos de cemento por todo el patio central de armas del Benítez, se me pasó por la cabeza por qué había permitido que me ubicaran bajo el trono, pues allí lo pasaba muy aburrido. Sin embargo, si estuviera por fuera de los varales, vería a la gente que se agolpa en las calles de Málaga en la Semana Santa y estaría más distraído mientras transportaba el trono, aunque me arriesgara a que por cualquier motivo o error me llamara la atención cualquiera de aquellos superiores que estaban a cargo del desfile.

Mientras rumiaba durante algunos días esta reflexión, ocurrió un accidente muy grave que le pudo costar un disgusto al sargento Alcántara o que le retiraran el mando de los soldados que portábamos aquel pesado trono. Resulta que en una de aquellas jornadas, cuando lo llevábamos, se escuchó el sonido de la campana para que lo dejáramos posado en el suelo. Lo bajamos y en ese momento se escuchó un alarido que profirió uno de los soldados: «¡Ay, ay! ¡Mi pie! ¡Mi pie!»; otros compañeros también gritaban: «¡Levantad el trono! ¡Levantad el trono!». Lo levantamos rápidamente, pues intuíamos lo que había podido ocurrir y de debajo de uno de los varales exteriores sacaron a un soldado: una de las patas del trono le había aplastado el pie, el cual quedó destrozado al caerle encima varios cientos de kilos de peso. Al poco rato de ocurrir este accidente, pensé que podía tener la ocasión de ocupar el puesto que dejaba vacante aquel chaval accidentado, pues este ocupaba la parte exterior del primer varal y esto me interesaba; pero llegué tarde: ya habían fichado a un nuevo soldado para que ocupara la posición de aquel soldado lesionado.

Cada vez le daba más vueltas a ese asunto y no encontraba la fórmula de cómo cambiar mi ubicación por una zona exterior de aquel ensamblaje de madera. Me resultaba monótono y muy aburrido estar debajo de aquella plataforma durante un montón de horas. Cavilando de continuo, al final se me ocurrió un plan que me podía dar el resultado que me apetecía, aunque tendría que poner a prueba mi capacidad de disuasión y mi ingenio. Comencé a murmurar una historia inventada por mí de que a algunos soldados de los que portaban el trono y que iban situados en los varales exteriores los castigaban después del día de la procesión por diferentes motivos: perder la marcha continuamente, distraerse, perder la marcialidad, dar algunas señales de cansancio, llevar el uniforme toscamente, etc. En cualquier oportunidad que se me presentaba, acostumbraba comentar: «Pues el año pasado empaquetaron a seis o siete soldados por diversas tonterías sin importancia y los mandos están siempre pendientes de que nadie mueva ni un solo dedo»; y así estuve soltando el rumor durante varios días, pero al mismo tiempo dejaba caer: «A mí no me importaría cambiar mi sitio del interior por alguno del exterior porque a mi novia le gustaría verme y, si por cualquier motivo me castigaran, a mí no me importaría; de todas maneras, no puedo salir del campamento». Después de repetir todo esto varias veces y durante varios días, aquello surtió efecto: un chaval, un ceporro que me escuchó hablar repetidas veces sobre el castigo que sufrían algunos de los que portaban el trono, estaba cagado de miedo y se dirigió a mí:

—Oye, cabo, si tú quieres te puedes cambiar conmigo. Yo estoy en un varal de fuera y a mí no me importa estar debajo, así voy más tranquilo. Yo lo que quiero es la semana de permiso.

—Vale, pero se lo tengo que comunicar al sargento Alcántara. No creo que le importe mucho ese cambio.

Me dirigí al sargento y le conté lo acordado con aquel soldado; este se me quedó mirando fijamente, quizás especulando el porqué de ese cambio, pero no profundizó en el tema y accedió a la permuta. En mi nueva ubicación, me encontraba mucho más satisfecho, ya que había conseguido mi propósito y también en el exterior estaba más distraído, porque podía observar todo lo que acontecía en mi entorno.

El jueves de la semana anterior a la Semana Santa, comenzamos a entrenar sin descanso, ya que Alcántara incluyó nuevas normas y nuevos pasos que deberíamos asimilar para engrandecer el espectáculo procesional del Cristo Mutilado. Paso a relatar el cómo llevaríamos ese trono la noche del Jueves Santo: al toque de campana, lo levantábamos; al otro toque, comenzábamos a caminar desfilando, y, empezando con el pie derecho, contábamos veinte pasos y parábamos, pero no bajábamos el trono, sino que lo mecíamos diez veces sin movernos del sitio. A continuación, lo bajábamos y permanecíamos firmes junto a los varales hasta un nuevo toque de campana y otra vez vuelta a empezar. Pero eso no quedó así: el último día a alguien se le ocurrió una brillante y espectacular idea. Cuando lo mecíamos y contábamos hasta diez, nos indicaron que alzáramos el trono con un solo brazo hasta escuchar una nueva campanada que indicara que podíamos descansarlo sobre el suelo; total, un *show*. Al final del último día de entrenamiento, el Martes Santo, todo iba bastante bien y al parecer el simulacro de procesión salía casi perfecto. El Miércoles Santo nos lo dieron de tregua para que descansaran nuestros hombros, que de tanto trajín se encontraban bastante fatigados.

El día señalado, nos trasladamos a Málaga los doscientos soldados y nos emplazaron en la Plaza del Obispo a la espera de que dieran la orden de sacar al Cristo Mutilado de la capilla del Sagrario, anexa a la catedral, que era el lugar habitual desde donde salía esa procesión. Ni que decir tiene que esa zona fue desalojada de gente y penitentes que esperaban ver desfilar a aquellos soldados de infantería que pretendían emular a los legionarios del Cristo de la Buena Muerte y que habían entrenado duramente. La zona quedó despejada, ya que la Plaza del Obispo es más bien pequeña, y allí solo quedábamos los soldados del campamento de

Benítez, con los mandos y jefes superiores y con los directivos y hermanos de la cofradía del Mutilado.

Alrededor de unos ciento y pico de soldados penetramos en la capilla del Sagrario, porque todos no cabíamos en aquel recinto, que era muy angosto, y casi a rastras conseguimos sacar al Cristo dejándolo equilibrado delante de la catedral. Todavía era muy temprano: no recuerdo el horario de salida, pero al menos quedaban dos horas para que la procesión se pusiera en marcha. El trono del Mutilado no era muy grande, pero sus varales sí eran muy largos; cargado de flores, tulipas, fanales, reflectores, y la imagen del Cristo, con sus soportes y todo el conjunto de parafernalia que acostumbran a llevar los tronos de cristos y vírgenes en Semana Santa: aquello producía una sensación de grandiosidad incluso en una persona como yo, que no creía en nada de todo aquello. Una vez que aquel trono quedó fuera de la iglesia, nosotros nos pusimos a un lado en formación militar y firmes, aunque, como el tiempo se prolongaba, nos mandaron descansar, pero sin llegar a romper la formación. Durante ese amplio tiempo de espera, estuve comentando con mis compañeros el recorrido que haríamos por las calles malagueñas, ya que conocía a fondo todo lo concerniente a la Semana Santa y, mientras esperábamos y dábamos tiempo al tiempo, también estuve mirando al lejos por si divisaba a mi novia. Ella me había dicho que iría a verme desfilar con una amiga, pero de momento no la veía, ya que a la gente la habían desalojado de los alrededores.

Por fin, se escuchó un toque de corneta que ordenaba: «¡Firmes!». El sargento Alcántara dio unos breves consejos de cómo teníamos que comportarnos durante el recorrido procesional e inmediatamente estuvimos ocupando aquellos lugares establecidos de antemano. Después de unos momentos de confusión por parte de los nazarenos y hermanos de la cofradía, aquello quedó listo para emprender aquella aventura que me iba a suponer una semana de permiso, aunque aún no estaba muy seguro de que se cumpliera aquel compromiso del sargento Alcántara. El Hermano Mayor, que es como se denomina al que toca la campana para que el trono comience a caminar, a parar, etc., comenzó su andadura: ¡tan, tan, tan! «¡Arriba!», gritaron varios hermanos y algún que otro militar. Los doscientos soldados levantamos el trono con tanta energía que el Cristo Mutilado se salió de su base y a punto estuvo de caer al suelo de la calle, quedando volcado en una posición grotesca y con el espanto en las caras de cientos de personas.

—¡¡Quietos, quietos, quietos!! ¡¡Abajo, abajo, abajo!! —gritaban todos los jefes desaforadamente.

De inmediato, dejamos caer el trono para que se posara en el suelo y pudieran apuntalar al Cristo y comprobar si había sufrido algún desperfecto. Ante esta situación, yo no pensaba en los daños que pudiera sufrir el Mutilado, sino en el permiso de una semana que se me podía esfumar si la procesión tenía que suspenderse por cualquier causa. Pasada una media hora, que fue el tiempo que tardaron en arreglarlo y volver a la normalidad, dejando las cosas en su sitio, el sargento Alcántara nos gritó que subiésemos el trono con más suavidad; yo pensaba: «¡So cabrón, si nos dijiste en el campamento cuando entrenábamos que el Cristo pesaba más que los sacos que nos pusieron para entrenar!». Lo elevamos con cierta moderación y allí comenzaron cinco horas de penitencia y veinte pasos de cuatrocientas suelas de botas reforzadas con unos remaches de hierro. Aquello era un espectáculo de sonido acompasado y medido; además, las piernas la alzábamos más de lo normal, por lo que los pisotones eran mucho más potentes. Veinte pasos y nos deteníamos, diez mecidas en el mismo sitio hasta un nuevo toque de campana, que nos indicaba que descansáramos el trono en el suelo; nuevo toque para subir el trono y otro más para que continuáramos con otros veinte pasos y unas nuevas diez mecidas; y así de esta guisa avanzábamos por las angostas calles del centro de Málaga.

Al poco rato de salir y llegados a la Plaza de Uncibay, hicimos un descanso más prolongado de lo habitual, claro está que teníamos que mantenernos firmes junto a nuestros varales y sin variar la mirada, que tenía que estar fija y hacia el frente. De pronto, escuché una voz cerca de mi oreja:

—¡Luis, Luis!, ¿cómo vas?

Sin mover la cabeza y derramando los ojos hacia mi izquierda, vi a mi novia Rafi acompañada de una amiga. Casi en un susurro y sin apenas mover los labios, le dije:

—Voy bien, Rafi, pero esto solo acaba de empezar.

En aquel momento, apareció un cabo primero de todos aquellos que iban controlando aquel trono:

—Por favor, señoritas, no distraigáis a los soldados, ¡por favor!

Mi novia y su amiga no tuvieron más remedio que retirarse hacia la acera y esperar una nueva ocasión de poder dirigirse a mí más adelante.

Calle Méndez Núñez, Carretería, Pasillo Santa Isabel, Atarazanas y, cuando íbamos a enfilar el Paseo del Parque, el sargento Alcántara pegó un grito y ordenó:

—¡A partir de aquí, cuando paremos y mezamos al Cristo, hay que levantar el trono con un solo brazo! ¿¡Entendido, soldados!?

Desde ese preciso momento, levantábamos al Cristo con los brazos en alto. La gente aplaudía como si aquello se tratara del Circo del Sol, pero eso no quedó ahí y, antes de entrar en la calle Larios, algunos de mis compañeros que portaban el trono corrieron la voz:

—Muchachos, ¿qué os parece si a partir de aquí le echamos cojones y llevamos al Cristo hasta su templo sin dejarlo reposar en el suelo?

«¡Vale, vale!», se escuchó por todo el entorno de los varales y yo pensé: «¡Serán gilipollas! ¿Vamos a llevar el trono sin dejarlo en el suelo durante todo el recorrido? ¡Menuda chorrada! ¡Pues la vamos a pasar canutas!». La gente aplaudía y algunos gritaban: «¡Viva la infantería!». La verdad era que los legionarios que portaban al Cristo de Mena se quedaban minimizados a nuestro lado: aquel desfile portando al Mutilado era muy superior al del Cristo de la Buena Muerte.

Una vez que enfilamos hacia el largo Paseo del Parque, aquello se ponía emocionante, pues cientos y cientos de personas se agolpaban a ambos lados. Aunque yo me encontraba llevando el trono solo y exclusivamente por la semana de permiso, en ese momento algo de emoción me invadió y me centré en lo que estaba haciendo: llevar a ese Cristo a hombros durante esas cinco o seis horas de recorrido.

Al llegar a la calle Larios, hasta el momento, el cansancio no se había apoderado de mí, pero claro, solo habíamos recorrido casi la mitad del itinerario y, como en algunas circunstancias las cofradías se podían retrasar en su trayecto, en esta ocasión ocurrió que, por lo que fuese, a mitad de la calle más populosa de Málaga nos tuvimos que detener y esperar más de media hora. Media hora detenidos, con el Cristo Mutilado a cuestas y balanceándolo de derecha a izquierda y viceversa sobre el mismo terreno, a más de uno le hizo reflexionar que maldita la hora en que se dijo de no bajarlo en todo su recorrido. Para más desventura, a metro y medio de mí, habían instalado un enorme reflector que pertenecía a alguna de las cadenas televisivas de aquella época o del NODO, que me pegaba de pleno en la cara y me cegaba haciéndome sudar notablemente a pesar de ir en mangas de camisa y que el tiempo era muy fresco. Para más sarcasmo, dos o tres mujeres que se encontraban al filo de la acera entre la multitud y no cesaban de exclamar:

—¡Pobrecillos, el rato que llevan con el Cristo a cuestas y sin descansar!

—¡Estarán muy cansados! ¡Y ni pestañean!

—¡Estarán locos porque termine la procesión para poder descansar! ¡Pobrecillos!

Yo pensaba para mis adentros: «Señora, por favor, ¿se quiere usted callar? Que me tiene usted hasta las narices de tanta compasión»; y también aquel reflector pegándome en la cara de lleno, que me iba a dejar medio ciego de seguir allí plantados. Ahora sí que había aparecido el cansancio y se iba incrementando minuto a minuto; pero por fin la procesión que iba delante nuestra, que no recuerdo de cuál cofradía era, se puso en marcha y así pudimos continuar nuestro recorrido, golpeando esa calzada adoquinada con nuestras flamantes botas tuneadas para que hicieran más ruido al pisar y que aquel espectáculo fuera más impresionante.

A la altura de la Plaza de la Constitución, en aquel tiempo de aquellos años sesenta, Plaza de José Antonio Primo de Rivera, escuché una voz entre la multitud que me llamaba y, entre el gentío y de reojo, observé a mi novia Rafi saludándome con las manos en alto. Se escuchó la campanada del trono y nos pusimos otra vez en marcha; en adelante, ya no la vi en lo que restaba de procesión. El resto del recorrido hasta llegar a la catedral y a la capilla del Sagrario fue bastante duro: el hombro lo tuve dolorido durante varios días y con una llaga producida por el roce de aquel varal de madera sobre él.

Al día siguiente, y una vez en mi segunda compañía y esperando la llegada del lunes para poder marcharme de permiso durante aquella semana prometida por el sargento Alcántara, se acercó a mi litera el cabo Pringadera y me indicó:

—Oye, Martín, ten cuidado, que el cabrón de Juanillo, el chivato de Jaén, está comentando por ahí que tú no te puedes ir de permiso por haber estado en el calabozo al igual que él. Ese tío no tiene otra cosa que hacer que dar por el culo a todo el que puede y hacerle la vida imposible al que no le cae bien. La verdad es que ese tío no está bien del coco.

Inmediatamente, me puse mi correaje reglamentario, me coloqué el machete en su funda y le pedí a mi amigo:

—¡Pringadera, compañero, acompáñame! ¡Haz el favor y ven conmigo!

—Martín, ¿qué vas a hacer? No te la juegues con ese tío, que es un mala hora.

—No te preocupes, compañero, no va a pasar nada. Ese tío en el fondo es un cobarde, ya lo vas a comprobar. A ese se le van a quitar las ganas de amenazar y meterse con nadie más.

Me dirigí derecho hacia la litera de Juanillo, que se encontraba en otro pasillo diferente al nuestro, y allí estaba hablando en un corrillo con varios de su misma calaña y que solían reírle la poca gracia que tenía este individuo. Con la mala leche que me embargaba y sin que el chivato lo esperara, le enganché por el cuello, presionándole la tráquea con el pulgar con tanta fuerza que se quedó petrificado y sin aliento. Saqué el machete de mi funda y se lo puse en el trapecio. Le advertí enfurecido:

—¡Mira, hijo de puta, si por tu culpa no me voy una semana de permiso, te rajo de abajo a arriba! ¡Y si no dejas de chivatear y meterte en la vida de los demás, también te rajo de abajo a arriba! ¡Y si no puedo matarte aquí, voy a la mierda de pueblo donde vivas y allí te rebaneo el cuello! ¿¡Te estás enterando, so pedazo de cabrón!?

Lo amenacé con tanta vehemencia que se puso tan blanco como un folio y los adeptos que estaban hablando con él se fueron retirando hasta dejarlo casi solo, temiendo una reyerta y que salieran todos muy castigados o perjudicados por aquella situación. Mi compañero, el cabo Pringadera, seguía a mi lado muy serio. Sin mediar más palabra, le solté el cuello al chivato de Jaén bruscamente y enfundé mi machete. Creo que todos los que presenciaron la escena sabían que mis palabras iban muy en serio. Después y durante muchos años pensé si mi amenaza la habría hecho realidad si este individuo hubiera insistido en perjudicar a más gente: me reafirmaba en la convicción de que en esos momentos lo hubiera hecho; más adelante, llegué a la conclusión de que aquello no merecía la pena y lo hubiera dejado correr sin más.

Aquella trifulca con el de Jaén, como era natural, fue la comidilla de toda la compañía y en todos los corrillos y rumores de ese fin de semana estaba presente el machete del cabo Martín en el trapecio de Juanillo, el chivato de Jaén, el cual no salía muy bien parado en esta historia. Yo creo que un noventa y siete por ciento de los soldados de la segunda compañía se regocijaban de que recibiera un buen correctivo y se enterara de una vez por todas de que nadie era su amigo, excepto algunos pocos que eran como él.

En un primer momento, pensé en marcharme la semana de permiso sin comunicárselo a nadie, confiando solo en la promesa hecha por el sargento Alcántara; pero, pensándolo bien, comprendí que era una temeridad y que alguien debería darme el visto bueno. Decidido, me dirigí al despacho de mi capitán don Julián Pontón y me presenté ante él.

—¡A la orden, mi capitán! ¡Se presenta el cabo Martín! Mi capitán, el Jueves Santo transporté el trono del Mutilado y el sargento Alcántara nos prometió, como todos los años, a todos los que lo portamos, una semana de permiso y he venido a que, si usted quiere, de la orden de que me pueda marchar con esa semana de permiso sin ningún problema. —No le comenté ni le recordé nada sobre el tema del calabozo, pero en este caso, se anticipó a mis pensamientos.

—Ya recuerdo que estuvo usted en el calabozo y que el coronel se pasó con esos dos meses. Ahora le digo que por supuesto que se puede marchar con esa dichosa semana de permiso. ¡Ah, cabo Martín! Me han contado que llevasteis el trono muy bien y que fue un desfile muy espectacular.

—Pues sí, es la verdad, mi capitán: la gente por las calles comentaba que los soldados de infantería del cuartel de Benítez estaban haciendo un recorrido magnífico y espectacular.

—¡Muy bien, muy bien, cabo! Puede retirarse… ¡Ah, otra cosa, cabo! ¿No ha escuchado usted en alguna comidilla alguna cosa sobre un altercado, una discusión y un machete amenazando a alguien?

—¡Sí, mi capitán! He oído algún rumor sobre una discusión y que alguien tenía un machete en la mano, pero yo creo que solo ha sido un rumor y que todo ha sido un chisme.

—¡Vale, vale! No me cuente nada más, puede marcharse; pero comuníqueselo usted al sargento de semana para que, cuando pasen lista, sepan que está de permiso por orden mía.

—¡A la orden, mi capitán! —Me marché con mi espíritu muy tranquilo; me daba la impresión de que al cabrón del capitán Julián Pontón yo le caía bastante bien y no sé por qué.

Hablé con el sargento de semana, el cual anotó en el libro de la compañía mi permiso durante los siete días siguientes; también me despedí del cabo primero Patxicoa, al cual le prometí traerle algún regalillo cuando volviera la próxima semana. Salí del campamento, me fui derecho hacia la parada del autobús de la compañía Portillo, que hacía la línea Málaga-Torremolinos y viceversa, y me marché a casa para estar una semana con mi madre y con mi novia, y para dormir y comer bien, que hacía mucho tiempo que no disfrutaba de nada de eso.

Al lunes siguiente, me presenté en la compañía y al sargento de semana: de nuevo, volvía a la realidad de aquel maldito cuartel de Benítez y a mis cavilaciones de cómo encontrar otra ocupación que me alejara de cualquier trabajo y de cualquier servicio de armas; buscarme algo que me rebajara de toda clase de servicio para que al menos estuviese tranquilo. Esa misma semana me llamaron para que me presentara ante el sargento Alcántara: me llegué a su compañía y me entregó una medalla de plata con la reproducción del Cristo Mutilado que la cofradía regalaba a todos los soldados que portaban al Cristo el Jueves Santo.

Torreones

Durante las semanas que siguieron, ocurrieron algunas cosas curiosas que me reportaron una buena cantidad de dinero, dinero que jamás hubiera esperado, pero que me vino muy bien, pues mis comidas fueron mucho más abundantes y más proteicas, ya que podía comer en la cantina lo que se me apeteciera.

—¡Cabo Martín, cabo Martín! —vociferaba el furriel por toda la compañía.

—¿¡Qué pasa con tantas voces!? —contesté desde el fondo de uno de los tres pasillos. Pasado un momento, localicé al que me llamaba.

—Martín, mañana te toca guardia en Torreones, de modo que limpia bien tu correaje y el armamento. El pelo lo tienes bastante bien, aunque siempre lo llevas corto —comentó el furriel.

—Pero bueno, a estas alturas me vas a decir cómo tengo que arreglarme para hacer una guardia, ¡estaría bueno!

—Hombre, te lo digo porque hacer una guardia en Torreones a la gente le da miedo.

—¡Coño, pues manda a otro a hacer esa guardia tan peligrosa! —le respondí con guasa.

—Martín, yo procuro evitarte muchos servicios porque, después de que no puedes abandonar este campamento, no te voy a cargar de ellos; pero la gente comenta cosas y van diciendo que no te pongo ni guardias ni retenes ni nada, de modo que cumples esta guardia en Torreones y ya veremos cuándo te pongo el próximo servicio…

La verdad era que este cabo furriel se portaba muy bien conmigo, pues era raro que me designara algún servicio.

—¡Oye, dime! ¿Eso de que hacer una guardia en Torreones a la gente le da miedo de qué va? —le pregunté.

—Pues que este cabrón del coronel acostumbra a empaquetar a todos los cabos que hacen guardia en la entrada de Torreones sin motivo alguno o por cualquier gilipollez de nada. Cuando llega de Málaga en el coche oficial y entra por Torreones, es raro que no castigue a la prevención al cabo de guardia y a los soldados que están allí de centinelas.

—¿Y por qué motivos? —le pregunté.

—¡Y yo qué sé! —me contestó el furriel.

Me quedé un momento meditando sobre todo aquello que me resultaba tan inverosímil y que yo consideraba que no tenía ni pies ni cabeza. Esa tarde me dispuse a indagar el motivo de tanto castigo a los soldados y a los cabos que hacían guardia en el puesto de Torreones. Estuve hablando con varios cabos por si sabían algo sobre el tema de las guardias y uno de ellos me comentó que, al parecer, ese coronel era un maniático de la disciplina y de la limpieza y que en África había dirigido a miles de legionarios y que, por supuesto, quería que nosotros, soldados de reemplazo, fuésemos guerreros de primera línea. Por lo tanto, ya me estaba haciendo una idea sobre el protocolo a seguir a la mañana siguiente en la guardia en Torreones porque, según parecía, una hoja seca que hubiese en el suelo sería suficiente para que ese cabrón de coronel me arrestara a mí y de rebote a los soldados que me acompañarían. Por otro lado, si yo no era diligente y no mostraba una marcialidad rayando en lo aguerrido y bizarro, seguro que me enchiqueraban castigado en la prevención. Esa noche limpié a fondo mis correajes y mis botas, arreglé muy bien mi uniforme y le expliqué a los dos soldados que me tenían que acompañar cómo tenían que comportarse cuando apareciera ese coronel un poco tocado del ala.

Aquella mañana nos dirigimos hacia Torreones para hacer el cambio de guardia y, una vez que llegamos, el cabo al que yo iba a relevar me comentó que el coronel había dado la orden de arresto para él y el resto de los que estaban en Torreones y que no sabía el porqué. Torreones era un pasillo terrizo de unos veinticinco metros desde la carretera de Cádiz hasta la enorme puerta de entrada en forma de arco, con dos torres, una a cada lado, y una garita en la parte baja de cada una; el corredor estaba cercado con dos muros de aproximadamente un metro veinte de altura y cada uno de los pequeños muros estaba decorado con gran cantidad de macetas y flores. Una vez que efectué el cambio de guardia, me apresté a revisar todo aquel entorno, agarré una manguera que había en un rincón junto a un grifo y comencé a regar todo el caminillo terrizo hasta dejarlo húmedo; le quité las hojas muertas que habían caído al suelo de las macetas y de la arboleda que había cercana y también regué los tiestos y los puse todos a una distancia equidistante. Así, de esa manera, esperé muy atento a que dieran las once de la mañana, que era la hora a la que solía aparecer el coche del coronel.

A las once menos diez, me asomé y eché una mirada hacia la carretera en dirección a Málaga y allí me esperé hasta que a las once y cinco o y diez vi aparecer a lo lejos el coche del coronel conducido por su chofer. Retrocedí hasta la puerta de Torreones y esperé a verlo aparecer al principio del pasillo. Una vez se presentó ese coche, inicié una carrera hacia el vehículo y, cuando llegué a su altura, me detuve bruscamente y saludé al interior del coche chocando mis botas estrepitosamente y llevando mi mano a la altura de mi gorra con tanta energía como si fuera un soldado de la guardia *hitleriana*. El coche paso de largo y atravesó Torreones dirigiéndose al cuerpo de guardia y a las dependencias de ese coronel.

A los siete minutos, llamé por teléfono al cuerpo de guardia por si el coronel había dado alguna orden de arresto para los soldados que hacían guardia en Torreones y ¡sorpresa!, el coronel había hecho un pequeño comentario sobre el cabo que hacía guardia en la entrada del cuartel, pero nada de castigo. Todo el mundo estaba extrañado de que no me hubieran arrestado y más de que aquel mal nacido hiciera algún comentario positivo que nadie me pudo aclarar.

Torreones, entrada principal al campamento Benítez (actualmente derruido)

Desde ese día, alguno de aquellos cabos a los que les asignaban en domingo una guardia en el puesto de Torreones se acercaba a mi compañía para hablar conmigo y que yo le reemplazara en aquella guardia que era tan «peligrosa». Esa guardia en domingo y en Torreones la valoré en doscientas pesetas, «fortuna» muy estimable en aquellos años sesenta. De modo que todo aquel cabo que no quería exponerse a un castigo en Torreones, se llegaba a la segunda compañía, preguntaba por el cabo Martín, le pagaba doscientas pesetas y él le sustituía en la guardia a la entrada de Torreones. Si mi memoria no me falla, creo que fueron nueve domingos los que realicé aquella guardia en Torreones, además de sustituir a otros tantos cabos compañeros, reportándome un dinerillo muy provechoso. Aquello se acabó: pasado un tiempo, ya nadie me pedía que se la hiciera, quizás porque los cabos a los que les pertenecía la guardia y centinela en Torreones habían entendido lo que tenían que hacer en aquel lugar cuando llegara ese maldito coronel.

Doce horas alucinantes

En una de aquellas fechas en las que yo no desarrollaba ninguna actividad ni hacía ningún cursillo, por lo que estaba expuesto a que me endosaran algún servicio de armas; una vez que sonó el toque de retreta, y como era habitual, me retiré a mi litera discretamente para disponerme a dormir, insisto, discretamente, porque una de mis normas después de haber salido del calabozo era el intentar pasar desapercibido y quitarme de en medio todas las veces que pudiera. Rozando las doce y media o la una de la madrugada, encontrándome en mi compañía totalmente a oscuras cuando ya estaba a punto de caer en un sueño profundo y también escuchando el murmullo de algunos diálogos en voz muy baja que solían oírse por las noches en los camastros, percibí unas voces que en principio no alcancé a entender por estar medio dormido, pero aquel griterío siguió y me despertó totalmente. Esta vez sí escuché nítidamente:

—¡¡Silencio, coño!! ¡¡Silencio, cabrones!!

Era la voz y los gritos que profería desde la puerta de la compañía el cabo primero José Mendoño Matamala, que esa misma semana tenía el servicio de acuartelamiento. Esa voz me resultaba inconfundible. Amparándose en la oscuridad, desde algún lugar de la inmensa sala y desde alguna litera de la compañía, se escuchó la voz de un soldado, o mejor dicho, un gilipollas, que gritó en voz tan potente que creo que se oyó en todo el regimiento.

—¡Vete a la mierda, Mendoño!

—¿¡Quién ha sido ese cabrón!? ¡¡Cabrón, da la cara, hijo de puta!! —gritaba aquel cabo primero inútil, obeso y grotesco desde la entrada de la compañía.

Estas voces fueron el inicio de una noche y una mañana alucinantes y caricaturescas, de las que aún recuerdo paso a paso y hora a hora. La misma exclamación del soldado gilipollas que increpó a Mendoño se repitió:

—¡¡Mendoño, mamón, cabrón, desgraciado, hijo de puta!! ¡¡Vete a la mierda!!

A este insulto se le sumaron cuarenta o cincuenta más de otros tantos soldados gilipollas que acompañaron al inicial en un coro de voces que despertó a toda la compañía. Al final, fue el resto la que se sumó al orfeón dantesco. Doscientas voces gritaban al unísono y con un sonetillo en plan balada que yo creo que se escuchó hasta en Churriana.

—¡Mendoño, mamón, eres un cabrón! ¡Mendoño, mamón, eres un cabrón! ¡Mendoño, mamón, eres un cabrón! —Así continuaron insistentemente.

Esta algarada de voces duró hasta que alguien encendió las luces de la segunda compañía del cuartel de Benítez, pero ya era tarde para lo que se avecinaba y pensé: «La que se va a liar».

—¡¿Quién ha sido el muy cabrón que me ha insultado!? ¡Que salga ahora mismo! —increpaba el desafortunado cabo primero—. ¡Que salga el cabronazo que ha despertado a toda la compañía! ¡Las voces venían de por aquí! —le señalaba Mendoño al soldado imaginaria de puerta.

—¡Yo no he visto ni escuchado nada, mi primero! —Se encogía de hombros el imaginaria.

Efectivamente, al final se lio y a los ocho o diez minutos apareció el teniente de guardia del cuartel, o sea, el responsable de todo el regimiento, que venía acompañado de dos soldados del cuerpo de guardia con sus respectivos fusiles. Mira por donde, era el teniente Ulkuru. «¡Arrea, el pedazo de cabronazo del teniente Ulkuru! Veremos en qué termina todo esto», pensé.

—A ver, ¿qué pasa aquí? ¿¡Qué cojones ocurre que habéis despertado a todo este campamento!? Desde el cuerpo de guardia he escuchado todas las voces y los gritos, ¡leche! ¿Qué ha pasado aquí? A ver, primero Mendoño, ¿qué escándalo tenéis armado aquí, cojones?

—Mi teniente, es que cuando he entrado en la compañía alguien ha empezado a insultarme a gritos y cuando he dicho que se callaran los que estaban hablando en voz muy alta ya estaban las luces apagadas, mi teniente. Primero comenzó uno y después todos empezaron a gritar —explicó Mendoño.

—¡Valiente mierda de compañía! —soltó Ulkuru—. ¡A ver, toda la compañía en pie! ¡Y cada uno delante de su litera! —Algunos compañeros comenzaron a ponerse los pantalones y demás prendas para vestirse cuando el teniente gritó—. ¡Coño, que nadie se vista! ¡Todo el mundo en calzoncillos! —Formamos delante de nuestras literas en paños menores y aquí comenzó la aciaga noche—. ¡Todo el mundo firme, cojones! ¡Silencio en la compañía!

Aquella escena se asemejaba a la película del director de cine Kubrick, *La chaqueta metálica*: todos firmes delante de nuestras respectivas camas, muertos de frío, esperando a ver qué se le ocurría a aquel gilipollas del teniente Ulkuru.

—¡Tú, ven para acá! —señaló a uno de nosotros.

—¡A la orden, mi teniente! —El soldado señalado se aproximó un par de pasos y saludó con la mano en la frente.

—¿Quién ha insultado al cabo primero? ¿Quién ha sido el que ha armado este follón? —le preguntó el teniente al soldado.

—Yo no sé nada, mi teniente, porque yo estaba durmiendo cuando he escuchado este jaleo.

—¡Guardia, vaya en busca del barbero y tráigalo para acá, y que se traiga la maquinilla de pelar! —le ordenó a uno de los soldados que le acompañaban y, cogiendo un taburete, tomó asiento delante de toda la compañía.

Todos seguíamos en pie, firmes y en silencio, a la espera de los acontecimientos, pero suponiendo lo que se nos avecinaba cuando el teniente requirió la presencia del barbero. Al poco rato, apareció el soldado de la guardia acompañado de él; este saludó al teniente. Ulkuru se levantó del taburete y, señalando al soldado al que anteriormente le había preguntado, volvió a reiterarle:

—Tú, te repito: ¿quién ha insultado al cabo primero?

—¡Mi teniente, yo no sé nada de esto! ¡Si yo estaba durmiendo y no he escuchado nada!

—¡Siéntate ahí, soldado! —le señaló el taburete; el compañero tomó asiento—. ¡Tú, barbero, pela a este al cero!

—¡Mi teniente, que yo no he hecho nada, que yo no sé quién ha sido! —suplicaba el soldado, aterido de frío, como todos nosotros, y temiendo perder su cabellera.

El peluquero emprendió su obra de arte y dejó totalmente rapado al pobre soldado, que volvió a colocarse delante de su litera en paños menores y con mucho más frío. El resto de la compañía permanecía firme y expectante.

—¡Tú, ven para acá! —gritaba el teniente Ulkuru señalando al siguiente soldado—. A ver, soldado, ¿quién ha empezado este follón?

—¡Mi teniente, que yo no he escuchado nada, que yo estaba durmiendo, que a mí me ha despertado el jaleo que se armó hace un rato! —suplicaba aquel soldado un poco asustado.

—De modo que tú no sabes nada, ¿verdad? Pues siéntate aquí. ¡Barbero, pela a este tío al cero! —ordenó aquel teniente maniático, bien conocido por mí en el tiempo que permanecí en el calabozo.

Aquel peluquero comenzó a rasurar a su segundo cliente, pensando que aquella noche iba a tener mucho trabajo y que iba a dormir muy poco. Cuando le llegó el turno al quinto o sexto soldado, a este, ante la pregunta del teniente de si sabía quien había insultado al cabo primero, se le ocurrió decirle al teniente Ulkuru:

—¡Mi teniente, el cabo primero sabe quién ha sido el que ha empezado este embrollo! ¡Él lo sabe muy bien! Aquí se conocen las voces de casi todo el personal. —«¡Hostias! Ahora sí que se puede liar gorda», pensé ante esta nueva contingencia.

—¿Cómo? ¿Que el cabo primero sabe quién ha comenzado todo este maldito escándalo? Entonces, ¿usted también lo sabe?

—¡Yo no he oído nada, mi teniente! ¡Yo estaba durmiendo! Solo que se comentaba que el cabo primero sabe quién ha sido el que ha empezado —le respondió aquel soldado.

El teniente Ulkuru le arreó un guantazo que se escuchó en toda la segunda compañía:

—¡Siéntate ahí, cabrón! —le dijo al atrevido soldado y se dirigió al barbero—. ¡Pela a este gilipollas! Oye, Mendoño, ¿no sabrás tú quién ha sido el que te ha insultado?

—¡Yo no sé nada, mi teniente, este soldado está chalado! ¡Si lo supiera, ya lo hubiera arrestado!

Un rapado al cero como aquel duraba unos cinco o seis minutos porque aquella maquinilla no era eléctrica y aquel barbero era poco diestro: a los cuatro o cinco minutos, el soldado quedó monísimo rapado a tope. Así fueron pasando uno por uno, hasta catorce o quince, los soldados que fueron trasquilados por no contestar a la pregunta del irónico teniente Ulkuru de quién había insultado al gilipollas, tontorrón y obeso del cabo primero Mendoño. Comprendiendo que no iba a conseguir nada ni aún trasquilando a toda la segunda compañía y quizás temiendo alguna represalia y la mala leche de nuestro capitán don Julián

Pontón, al que a lo mejor no le agradaría la noticia de que su compañía había estado en manos del capullo del teniente Ulkuru, este decidió tomar otras decisiones.

—Bueno, ¿qué pasa? ¿Nadie va a decirme quién ha empezado toda esta algarada? ¡Venga, vamos, todo el mundo al patio! ¡Venga, al patio! —Algunos soldados tuvieron la intención de vestirse y yo pensaba: «Serán tontos: estos se creen que el teniente nos va a dejar que nos vistamos, sí, sí»—. ¡Todo el mundo en calzones y afuera! ¡Vamos, coño, afuera todo el mundo! ¡Fuera, fuera!

Formamos al frente de la segunda compañía en alineación militar, amoratados de frío y en espera de lo que a aquel mentecato se le viniera en gana aquella noche.

—¡Mendoño, ponga en marcha a su compañía y a paso ligero! —le gritó el teniente Ulkuru al gordo y tontorrón cabo primero.
—¡Un, dos! ¡Un, dos ¡Un, dos! —cantaba Mendoño, que no se encontraba muy tranquilo pensando en cómo acabaría aquello cuando nuestro capitán Julián Pontón tuviera noticias al día siguiente de todo lo acontecido.
—¿Qué? ¿No sale quién ha comenzado todo esto, muchachos? ¡A la carrera, a la carrera! —gritaba el teniente y tuvimos que comenzar a correr en un trote fatigoso, prolongado y monótono.

Llevábamos aproximadamente un cuarto de hora corriendo cuando se escuchó la voz del teniente:

—¡¡Alto la compañía!! —Nos detuvimos y se escuchó la voz de Ulkuru al dirigirse a uno de los soldados—. Soldado, ¿tienes frío?

—¡Sí, mi teniente, ya no aguanto más! ¡No puedo ni respirar con tanto frío!

—¡Muy bien, muy bien, pues todo el mundo para dentro de la compañía! ¡Vamos para adentro todos, muchachos, y así os calentáis un poco!

Yo pensaba, conociendo a este teniente, que aquel follón no terminaría ahí, por el contrario, todo acababa de empezar y no me equivocaba. Una vez situados dentro de la compañía, las mismas preguntas a varios soldados por parte de Ulkuru y las mismas respuestas por parte de mis compañeros: «¡Yo no sé nada, mi teniente!».

—Pues venga, ¡para afuera todo el mundo! —gritó el maldito teniente.

Y así continuó hasta la hora del desayuno, en la que, por fin, Ulkuru terminó su jornada de guardia y nos dejó tranquilos y deshechos en manos del cabo primero Mendoño, no sin antes haber acabado con varios soldados desfallecidos que tuvieron que ser retirados y atendidos en sus literas. Una vez desayunados, alguien dio la orden de que marcháramos en formación al campo de deportes y allá nos encaminamos escoltados por el torpe cabo primero. En el campo de deportes, nos estaba esperando toda la plana mayor de la segunda compañía: el capitán Pontón, tres tenientes, tres sargentos y algún cabo primero. Al ver a este séquito, mi mente voló: «¡Arreaaa, la que se va a liar de nuevo! Anoche el teniente Ulkuru y ahora el capitán Pontón». Un grito ordenó que toda la compañía se pusiese en formación de revista y el capitán caminó delante de nosotros en una actitud poco amistosa y con el ceño fruncido. Todos estábamos inmóviles: no se movía ni una mosca, todos a la espera de los acontecimientos que la mayoría de nosotros barruntábamos, dado el carácter y la mala uva de nuestro capitán.

—¡Cabrones, anoche armasteis una gran fiesta de la que se ha enterado todo el regimiento! ¿¡Qué cojones me cuentas, Mendoño!? —dirigiéndose al cabo primero gordinflón y subsidiario de la gran asonada.

—Mi capitán, es que anoche, en la oscuridad de la compañía, unos pocos comenzaron a insultarme y… —contestó el cabo primero balbuceando y cagado de miedo por la presencia y la mirada penetrante del capitán Pontón.

—¡Cállate ya, cabronazo! ¿¡Es que no se te puede dejar al mando de la compañía, aunque sea por una sola noche, so pedazo de mierda!?

El cabo primero estaba muy asustado, pues al capitán Pontón le temían todos a pesar de ofrecer muy escasa presencia física; pero claro, tenía aquellos galones y la mala leche. El capitán se dirigió al primer soldado de la fila comenzando por su lado izquierdo; yo me encontraba bastante alejado de esa posición.

—A ver, soldado, ¿quién comenzó la algarada de la noche pasada?

—¡No lo sé, mi capitán! —respondió secamente y con decisión aquel soldado, aunque un poco mosca.

Sin mediar más palabras, el capitán le arreó una bofetada tan fuerte que no lo sentó en el suelo de milagro. Siguió así preguntando y golpeando uno tras otro a los pobres soldados de la segunda.

Desde la noche anterior todo el mundo sabía quién había comenzado las voces agraviantes contra el cabo primero Mendoño. Todos sabíamos que el único responsable de aquel galimatías sin sentido era el soldado apodado el Melilla, al que todo el mundo le tenía cierto afecto a pesar de ser un chulín porque era un tío simpático que se hacía querer. Por su forma de ser, le habían asignado el cuidado de los jardincillos de la segunda compañía, por lo que estaba rebajado de algunos servicios y, por lo tanto, no se encontraba en aquella formación con nosotros; seguramente que estaría en la compañía o arreglando cualquier cosilla en ellos. Según mi cuenta, el capitán ya había guanteado a más de una veintena de soldados y yo estaba seguro de que terminaría vapuleando a los aproximadamente doscientos de mi compañía, incluido a mí, si antes no salía el responsable de todo aquello. Como he dicho, el capitán había *hostiado* a unos veintitantos compañeros cuando, no sé por qué motivo ni razón, hizo un alto en el *guanteo* y reclamó la presencia del Melilla. Alguien lo buscó y este se presentó ante el capitán Pontón.

—¡A la orden, mi capitán! —saludó el de Melilla cuadrándose con un gran zapatazo y talante chulín, como era característico en él.

—Oye, tú no sabrás quién formó el lio anoche en la compañía, ¿verdad? —preguntó el capitán Pontón al caradura del Melilla.

Con aquella desfachatez que caracterizaba a ese soldado apodado el Melilla, este le respondió:

—¡¡Fui yo, mi capitán!!

Todos los presentes nos quedamos alucinados, pues pensábamos que, después de la nochecita tan horrible que padecimos y las hostias y los cortes de pelo al cero que se recibieron, no merecía la pena que el Melilla se delatara; yo creo que tenía que haber aguantado hasta el final sin que se descubriera al autor de aquella marimorena. El capitán observaba al Melilla de arriba a abajo, como pensando qué debía hacer con él: le dio un nuevo repaso mientras el soldado seguía firme sin mover un solo músculo y sin desviar la mirada.

—¡Vaya, muchacho! ¿Todo este zafarrancho lo has montado tú solito? —siguió mirándolo fijamente—. ¡Anda, márchate a la compañía y que no te vea en todo el día!… ¡Espera, espera un poco, no te vayas todavía! ¿Y por qué no has salido a dar la cara antes?

—¡Porque nadie me lo ha preguntado hasta ahora, mi capitán! —le contestó el Melilla con toda la caradura del mundo.

El capitán lo volvió a mirar pensativo y, con un gesto de la mano, le indicó que se marchara. El Melilla se cuadró y, saludando como de costumbre, se marchó tan pancho a la compañía. Estas eran algunas de las cosas que jamás llegué a comprender de este capitán, o sí las comprendía: al parecer, le caían bien los soldados traviesos, decididos y valientes, sin importarle si alguna que otra vez metían la pata o se metían en cualquier lío. El capitán dio la orden para que volviéramos a nuestro alojamiento y que cada uno realizara los trabajos y servicios que le correspondiera.

Ese día no tenía nada que hacer y, pensando en todo lo ocurrido, me reuní con varios de mis compañeros más estimados y juntos fuimos en busca del Melilla. Una vez que dimos con él, le rodeamos y yo le increpé:

—Oye, Melilla, ¿por qué has esperado a dar la cara tanto tiempo y has consentido que vapulearan a casi toda la compañía?

—¡Hombre, es que estaba viendo que esto no se iba a acabar nunca, que el capitán le iba a arrear a toda la compañía y ya era demasiado!

Cogimos al Melilla y lo introdujimos dentro de un enorme pilón de agua que había cerca. Le dimos unas cuantas zambullidas por lo que nos hizo de pasar esa noche y esa mañana sin fin.

Carros de combate y lanzamiento de granadas

Aquel día nos llevaron al campo de deportes y, una vez que llegamos, nos encontramos con que habían estacionado cinco enormes carros de combate con sus correspondientes dotaciones. Allí se encontraba el capitán Julián Pontón, que se dirigió a todos nosotros:

—¡Compañía, vamos a realizar unas maniobras en colaboración con la dotación de estos carros de combate durante varios días y, por lo tanto, haremos algunos ejercicios propios de la infantería frente a estos tanques.

Durante esa jornada, el teniente de los carros nos estuvo explicando el funcionamiento de estos vehículos, su maniobrabilidad, su influencia de fuego, su poder destructivo y sus puntos más débiles. Toda la compañía escuchaba muy atenta todas esas explicaciones, ya que eran «muy interesantes». Un poco más tarde, aquellos carros de combate comenzaron a maniobrar en todas las direcciones, girando las metralletas y el gran cañón central hacia todos lados y llevando de cabo a rabo todos aquellos detalles que nos habían dado.

Al día siguiente, toda la compañía se trasladó muy cerca de la playa en una zona de dunas de arena bastante elevada y nos acomodamos sentados para seguir observando a los tanques moverse a través y por encima de aquellos arenales. En un momento determinado, el capitán Julián Pontón se dirigió a nosotros:

—¡A ver, un voluntario para subirse al tanque estando en marcha y a velocidad media!

Pasaron unos segundos de expectación en los que nos miramos unos a otros pensando que aquello podía ser muy peligroso y que, como siempre, el capitán Pontón se inventaba una nueva chorrada. Sin embargo, mi carácter decidido y vehemente salió a relucir e instintivamente levanté el brazo poniéndome de pie.

—¡A la orden, mi capitán! Voy a intentar subirme a ese carro de combate.
—¡Pues cuando usted quiera, cabo! Ya puede intentarlo.

Uno de aquellos tanques se puso en marcha y comenzó a maniobrar a través de las dunas a una marcha pausada, por lo que tenía cierta confianza en que podría encaramarme a aquel bicho de hierro. Corrí hacia lo alto de una de las dunas, que creo tendría unos tres y medio o cuatro metros, y, aprovechando que el tanque pasaba por la parte baja de la montaña de arena mientras yo corría en paralelo, realicé un gran salto hasta alcanzar la gran plataforma superior del carro de combate, a la cual me afiancé para no caer porque seguía su camino sin detenerse. Al pasar por la siguiente duna, me preparé y me impulsé fuera del enorme todoterreno de acero y hierro y, volteando y cayendo sobre mis hombros, volví a aterrizar en aquella colina de arena. Varios de los jefes y suboficiales de la segunda compañía comenzaron a tocar palmas, cosa que yo nunca hubiese esperado, pero ya sabía de antemano que a esos militares les gustaban esas puestas en escena y aquellos numeritos espectaculares; incluso el jefe de aquellos tanques me felicitó. Pero no era de extrañar que aquello resultara bastante fácil para mí, ya que desde los trece años había estado practicando la gimnasia deportiva y todas aquellas acrobacias me las sabía de memoria, pues tenía un gran conocimiento sobre todo aquello relacionado con los saltos, los desplazamientos, la coordinación y el equilibrio. A renglón seguido, el capitán Pontón requirió más voluntarios y algunos salieron al ver lo fácil que yo lo había hecho: estos otros voluntarios también lograron encaramarse al tanque, aunque con mucho esfuerzo y riesgo para su integridad física.

Al siguiente día, vuelta a lo mismo: el capitán Pontón pidió nuevos aspirantes a subir a los carros de combate, aunque esta vez los cinco tanques estaban revoloteando a través de las dunas, por lo que había que tener más cuidado al subirse. Cada vez que pedía voluntarios para esos tanques, yo alzaba el brazo. Este capitán cabronazo había estado observando a aquellos soldados que nunca habían salido de voluntarios, por lo que suponía que tenían miedo a saltar sobre los carros y eso no lo podía permitir: en su compañía no podía haber soldados que tuviesen miedo.

—¡Tú, tú, tú y tú…! —Así hasta seis o siete soldados fue señalando—. ¡Vamos, vamos, a subirse a los tanques! —No se equivocaba: ninguno de esos soldados se atrevió o no pudo saltar sobre aquellas poderosas máquinas.

Carros de combate en el campamento Benítez

Ahí demostró el capitán Julián Pontón de la segunda compañía del Regimiento Aragón n.º 17 del campamento Benítez de Málaga la mala leche que llevaba en las entrañas, lo cabrón que podía ser y hasta dónde podía llegar el militar, según mi criterio, amargado no sé por qué, y de aquella época, sin que nadie le parara los pies para que no pudiera hacer lo que le viniera en gana. Llevó los cinco tanques al campo de deportes, que era un terreno abierto y llano, puso a los seis o siete soldados tumbados en el suelo, firmes y boca arriba, uno tras otro, formando una línea con aquellos cuerpos y ordenó a los tanques que pasaran por encima de ellos varias veces. La distancia entre el suelo y los bajos del tanque era lo suficientemente holgada para que estos pasaran por encima sin rozar ni dañar a los soldados tendidos sobre el suelo; pero el susto tuvo que ser mayúsculo para aquella pobre gente y tanto es así que algunos se cagaron de miedo en los pantalones y tuvieron que cambiarse llegados a la compañía. Aquí terminó aquel episodio de los carros de combate.

Un buen día, cuando estaba distraído jugando una partida de ajedrez con un compañero, ya que no tenía ningún servicio, una voz potente me alertó que la compañía tenía que formar. No llegábamos a los cien los que formamos ante la entrada de la compañía, puesto que el resto de los soldados estaba cumpliendo algún servicio. Allí, un cabo primero nos informó que, al día siguiente, los que no teníamos ninguno saldríamos al campo a practicar con las granadas de mano POI y POII, y que el capitán estaría presente en esas prácticas. De nuestra segunda compañía, casi ninguno había lanzado ni manipulado una granada de mano, de modo que ya veíamos cómo terminaba la jornada siguiente porque aquellas granadas no tenían mucha potencia, pero eran peligrosas a la hora de manejarlas.

Nos desplazamos a un terreno en el campo, alejado del campamento y cerca o en los alrededores de donde se encontraban unas murallas a media altura, preparadas para poder parapetarse y protegerse cuando se lanzaran las granadas. Nuestro capitán Pontón nos ubicó y explicó lo que íbamos a entrenar, y un sargento experto en granadas de mano nos dio una serie de explicaciones sobre el lanzamiento y los efectos de los dos tipos de artefactos. Todo aquello ya me lo conocía, pues había lanzado muchas en mis días de la patrulla de tiro y sabía todo lo concerniente sobre esas granadas de mano y sus efectos. El experto explicó la mejor forma de lanzar, de desenroscar, de sujetar la cinta y la plomada final que se encontraba en el extremo, etc., hasta que al final de todas aquellas explicaciones al capitán se le ocurrió otra de sus putadas.

—¡Soldado Martín Martín! —llamó al enorme soldado analfabeto y asustadizo.

—¡A la orden, mi capitán! —compareció saludando y balbuceando aquel muchachote fortachón y atlético de nacimiento, pues no conocía lo que era hacer un ejercicio de gimnasia; yo sí sabía que la única gimnasia que había hecho este muchacho era trabajar la tierra en su pueblo.

—¡Martín, póngase allí, a unos cuarenta metros de distancia! Póngase firme y no se mueva para nada porque le meto un paquete que se entera, ¿me está escuchando? ¿De acuerdo?

—¡Sí, mi capitán! ¡Sí, mi capitán! ¡A la orden, mi capitán! —contestó el soldado Martín Martín con un nerviosismo cada vez mayor y asustado.

—¡Tranquilo, Martín, que no pasa nada, hombre! —le calmó sabiendo que el pobre muchacho estaba entrando en una crisis de nervios.

Esto no era nuevo, ya que este soldado perdía el control y se echaba a temblar siempre que se ponía delante de él; al pobre solo le faltaba lamerle el culo al cabrito de aquel capitán. El soldado se apostó a unos cuarenta metros de distancia, firme como una estatua y asustado como un cervatillo.

—¡Ustedes, —señaló a varios soldados—, cojan esas granadas de madera! —En una caja había varias granadas de madera imitando a las verdaderas y con el mismo peso y dimensiones para poder maniobrar con ellas antes de manipular las verdaderas. Los soldados cogieron las granadas de madera y el capitán ordenó—. ¡Lancen las granadas hacia el soldado Martín y no quiero que fallen ni una! ¡Hay que acertarle al soldado Martín, de modo que ya veremos la puntería que tienen ustedes! —les ordenó en tono amenazante. Aquellos pobres chavales comenzaron a lanzar las granadas procurando no acertar a Martín Martín, pero el capitán se cabreó—. ¡He dicho que no falléis, cabrones! ¿A que os arresto a todos! ¡Y tú, Martín Martín, ni se te ocurra moverte!

En ese momento, comenzó el sufrimiento del soldado Martín y también el mío, porque le caían las granadas de madera y lo golpeaban en el cuerpo y en la cara hasta hacerle sangre en la boca y en una oreja; pero aquel gilipollas asustadizo no se atrevía a moverse por aquel desasosiego que le consumía, aguantando la andanada de aquellos tacos de madera que le estaban acertando y apaleando. La rabia me abrumaba al ver aquel espectáculo bochornoso: un mozo indefenso y asustado en manos de un militar sin escrúpulos y sin la más mínima ética de lo que debe ser un buen militar español o de otro país; de no ostentar aquellos galones, aquel capitán no hubiera tenido los redaños suficientes para plantarle cara al soldado Martín Martín; en fin… Cuando el capitán Pontón vio sangrar a Martín, le gritó con voz cabreada:

—Desgraciado, ¿por qué no te apartas? ¡Serás estúpido! —le dijo a sabiendas de que el soldado nunca se apartaría porque le tenía más miedo al capitán que a todos los tacos de madera que le pudieran acertar.

Una vez terminado el entrenamiento ficticio en el cual el soldado Martín Martín ejerció de espantapájaros para satisfacción del capitán Pontón, este lo llamó e intentó «consolarlo», ya que Martín estaba más asustado que un cervatillo ante una hiena.

Al poco rato, comenzamos a lanzar las granadas de verdad y a mí me confiaron que vigilara a parte de la tropa para que los lanzamientos fueran correctos y sin ningún peligro, porque los jefes sabían que yo conocía muy bien aquellas granadas de mano y todo su funcionamiento. En un momento de aquellos lanzamientos, uno de los soldados lanzó una granada por encima del muro y, en vez de agazaparse, se quedó mirando por encima para ver cómo explosionaba la granada, con el peligro de ser alcanzado por algún cascote o alguna piedra que saliera despedida. Inmediatamente, apareció el capitán Pontón y le arreó tal patada en la espalda para que se agachara y con tanta violencia que el soldado se estrelló contra el muro y terminó con su cara tumefacta y con sangre sobre su barbilla, que, por supuesto, salió muy maltrecha. «¡Este capitán no tiene arreglo! ¡Será cabrón!», pensé al ver otra burrada de Pontón. Por otro lado, un poco más tarde, tuve que arrebatarle una de ellas a un soldado porque se le había escapado la cinta y el plomo estaba dando vueltas sin control: tuve que apretar aquella cinta contra el cuerpo cilíndrico y poner todo en orden, pues podía haberle estallado entre las manos a aquel soldado imprudente con el consiguiente y peligroso percance que hubiera sufrido por su ineptitud e inexperiencia.

Durante esa jornada dedicada al lanzamiento de aquellas granadas, también hicimos algunos descansos en los que aquel sargento experto, otro soldado de la segunda y yo lanzábamos varias granadas para que el resto de la compañía viera la manera correcta de proyectarlas.

Cuando regresamos a la compañía, me duché y, una vez que descansé un poco, me encaminé hacia la litera del Pringadera; pero allí no estaba. Lo busqué por el resto de la compañía y al final lo encontré en el porche del exterior dialogando con el imaginaria de puerta. Junto a ellos se encontraba Marcelo, el soldado que ocupaba el camastro debajo del mío. Este Marcelo, a pesar de que durante toda la mili estuvo durmiendo o descansando en la litera de debajo de la mía no tuvo demasiada incidencia en mis correrías durante los 18 meses de mi servicio militar, pero a este muchacho, por cortesía y ética, debo hacerle mención dentro de estas, mis memorias, y tengo que decir que era muy buen chaval, una persona callada, pero un buen compañero, y que, además, tenía ideas muy parecidas a las mías sobre aquel horrible servicio militar que nos tocó.

—Pringadera, ven conmigo, que vamos a ver a Martín Martín, que el pobre muchacho tiene una desmoralización por lo que ha pasado con el rollo del entrenamiento de las granadas de mano que no veas tú. El muchacho está abatido por culpa del capitán.

—¿Puedo ir con ustedes? —nos preguntó el compañero Marcelo, cosa que me sorprendió porque, a pesar de ser un tío muy legal, no solía inmiscuirse en cosas que no le atañían.

—¡Claro, cojones! Puedes venir con nosotros, que vamos a charlar un rato con Martín Martín, a ver si lo animamos un poco.

El soldado Martín estaba tumbado en su litera acurrucado y al parecer dormitando.

—¡Oye, Martín! ¡Despierta, muchacho! —le grité moviendo su gran corpachón. Este se levantó de un brinco y se sentó en el borde de su cama.

—¿Qué pasa? ¿Qué pasa, cabo? —me preguntaba con cara somnolienta y gesto desconsolado.

—¡Tranquilo, leche, que venimos a charlar un rato contigo! —le dijo el cabo Pringadera.

Estuvimos hablando los cuatro durante un buen rato sobre todo lo ocurrido en el terreno de las granadas y, a pesar de que yo sacaba y mencionaba el nombre del capitán Pontón llamándolo cabrón u otra clase de insultos, el compañero Martín no respondía ni lo insultaba y pensé que hasta ahí llegaba su miedo hacia el capitán. Después de un tiempo, logramos serenarlo e intentamos hacerle comprender que el capitán, por mucha mala leche que tuviera, no lo iba a matar y que, por mucho daño que nos hiciera, todos terminaríamos nuestro servicio militar. Ese capitán sería un mal recuerdo en nuestra vida.

Un gran partido de fútbol: mi revancha

No sé cómo ocurrió ni de quién salió la idea, pero uno de aquellos días el cabo primero Patxicoa vino a buscarme con una proposición.

—¡Oye, Martín! Tú me comentaste que jugabas bien al fútbol de portero y que estabas en un equipo de la Liga Regional de Málaga. ¿Aquello era verdad?

—¡Pues claro, Patxicoa! He jugado en diferentes equipos malagueños y en distintas categorías, desde los juveniles hasta los equipos regionales, y seguramente, cuando termine esta mili y me marche de aquí, ficharé por algún equipo de tercera división. ¿Por qué me lo preguntas?

—Es que los jefes, al parecer, quieren organizar un partido de fútbol entre un equipo de la tropa y otro de los jefes y mandos: serían soldados, cabos y cabos primeros contra sargentos, alféreces, tenientes y algunos capitanes —me informó Patxicoa.

—¿Y quién se encarga de organizar al equipo de la tropa y se va a ocupar de buscar a gente que sepa jugar al fútbol bien o medio bien?

—Llevas razón, Martín, pero voy a preguntar por ahí a ver si me entero de qué va todo esto. A lo mejor nos interesa este tema.

—Pero ¿tú has jugado al fútbol alguna vez? ¿Tú sabes jugar al fútbol? —le pregunté.

—Yo no sé jugar, pero me apuntaría con tal de pegarles algunas patadas a estos cabrones de los jefes, a ver si dejo cojo a algunos.

—Vaya rollo, mi primero; pues a ver si se entera de algo y me lo comunica.

Algunas veces, a Patxicoa yo lo llamaba por su nombre y otras veces, por su graduación militar; a él le daba lo mismo viniendo de mí y él a veces me llamaba Martín y otras veces me nombraba por cabo, según encartaba.

Al día siguiente, el cabo primero me buscó y me esclareció algunos puntos sobre el tema de aquel cacareado partido de fútbol.

—Oye, Martín, los jefes están organizando un equipo y el que lo organiza es el teniente Hechambre de la cuarta compañía. Creo que le ha encargado a un cabo primero, también de la cuarta, que, por otro lado, forme un equipo con gente de la tropa, de modo que voy a ver a ese cabo primero por si está haciéndolo y que cuente con nosotros dos.

—Pero, mi primero, ¡si tú no sabes jugar! ¡Lo que vas a hacer es estorbar!

—¡Calla, coño! Ya te he dicho que lo que quiero es partirle una pierna a un capullo de esos oficiales.

—¡Pues muy bien! Tú sabrás lo que haces, pero le dices a ese cabo primero que cuente también con el cabo Pringadera: yo lo he visto peloteando algunas veces en el patio y no lo hace nada mal.

Patxicoa se marchó con su tema de lesionar a algún teniente o capitán y yo me marché a buscar a mi amigo el Pringadera. Cuando al rato lo encontré, le pregunté:

—Oye, Pringadera, tú juegas bien a la pelota, ¿verdad?

—¡Hombre, no se me da nada mal! Yo jugaba algunas veces en un equipo de mi barrio, casi todos los domingos. ¿Por qué me lo preguntas?

—Por si quieres jugar un partido contra los jefes, pero no es seguro todavía: me lo tiene que confirmar el cabo primero Patxicoa, que es el que sabe algo sobre ese partido.

—¡Vaya, tu amigo Patxicoa, menudo elemento! —me contestó el Pringadera—. Pero ¡si ese no sabe si un balón es redondo o cuadrado! Yo lo he visto alguna vez dándole a la pelota y seguro que dispara contra su propia portería.

—Bueno, así nos hartamos de reír si es que se pone a jugar.

—Pues es verdad, así nos reímos un buen rato y, de camino, le pegamos algunas patadas a esos militares de mierda; jugando al fútbol no nos podrán decir nada. Bueno, Martín, tú me avisas si se forma ese equipo para que al menos entrenemos un par de días y, de esa manera, nos rebajen de servicio —siguió el cabo Pringadera.

—¡Hostias, no había caído en eso! Pues lo que hay que decir es que los que vamos a jugar tenemos que entrenar al menos durante una semana y, si no acceden a nuestra petición, pues no jugaremos ese partido. ¡Menuda idea has tenido, Pringadera!

—¡Cabo Martín, cabo Martín! —de nuevo me llamaba mi amigo Patxicoa—. ¡Ya estamos incluidos en el equipo de fútbol!

El cabo primero de la cuarta nos ha apuntado a los tres para jugar ese partido.

—¡Un momento, un momento, un momento! ¡Para, para! —exclamé dirigiéndome al cabo primero Patxicoa—. Mi primero, dígale a ese cabo de la cuarta que está reclutando a la gente para jugar que si no entrenamos durante una semana el cabo Pringadera y yo no jugaremos, porque para hacer el indio y satisfacer a esos militares siempre hay tiempo. Tendremos que entrenar para poder saber en qué posición puede jugar cada uno de nosotros, quién nos va a entrenar, dónde están esos balones; y tenemos que averiguar a qué hora entrenaremos; en fin, una serie de cosas que hay que solucionar. Por lo tanto, nos tienen que dar al menos una semana rebajados de servicio para poder entrenar, ¿de acuerdo?

—¡Uf! —exclamó el cabo primero—. Pues ya veremos que dice ese cabo de la cuarta. Yo se lo voy a comunicar y le diré que los de la segunda compañía no jugaremos si no entrenamos durante una semana; yo también me incluyo.

Al poco rato, apareció Patxicoa y nos dijo que había hablado con el de la cuarta compañía: este se lo iba a proponer al teniente Hechambre, el oficial lumbreras que ideó lo del partido de fútbol.

Al día siguiente, sin esperarlo, porque nunca creí que los jefes nos concedieran una semana de permiso para entrenar después de chantajearlos con la amenaza de que no jugaríamos, apareció Patxicoa y nos comunicó que habían accedido a que podíamos entrenar y que, por supuesto, estábamos rebajados de servicio todos los que estuvieran incluidos en la lista del equipo de fútbol de la tropa.

—¡Menuda semana de reposo nos vamos a pegar, Pringadera! —le comenté a mi amigo—. Pero a ver de dónde sacamos un par de balones, porque mañana nos bajamos al campo de deportes; a ver si aparece ese cabo primero de la cuarta compañía que maneja la organización de todo esto y vemos quiénes formamos ese equipo, si trae algunos balones y también cómo organiza todo este tinglado.

Mi compañero, el cabo Pringadera me miró de soslayo y me detalló:

—Mira, Martín, vamos a dejarnos de tonterías: a ese teniente Hechambre de la cuarta se le ha metido en la cabeza hacer ese partido de fútbol y se lo ha prometido a todos los jefes, como si fuese una atracción de circo; de modo que ya no se puede volver atrás.

—¿Y qué me quieres decir con eso, Pringadera?

—¿No lo comprendes, Martín? Les pidamos lo que les pidamos, nos lo van a tener que dar; de modo que ya les estamos reclamando tres balones, una equipación, unas rodilleras, unos guantes para ti y botas para todos.

—Sí, claro, y que nos licencien a todos después de que juguemos el partido, ja, ja.

—¡Eso lo vamos a ver! Ya verás como nos dan todas esas cosas, Martín.

—¡Oye, oye, oye, que yo también quiero jugar! —gritaba el Melilla, apareciendo por el corredor entre las literas de la segunda compañía.

—¡Tú te vas a la mierda, Melilla! Con lo que liaste la jodida noche del cabo primero Mendoño, ¿ahora quieres participar en todo los fregados en los que nos metemos? Y además, ¿tú sabes jugar al fútbol? ¿Has jugado alguna vez un partido de fútbol en serio? —le recriminé al espabilado melillense.

—Hombre, yo no he jugado en ningún equipo, pero no le doy nada mal al balón. ¡Vamos, dejadme que juegue con ustedes, por favor! —lloriqueaba aquel pícaro caradura.

—¡Bueno, bueno, Melilla, no llores más! A ver si podemos incluirte, pero si en los entrenamientos vemos que no vales, pues no vales y no juegas. Además, ¿tú no estás rebajado de servicio? ¿Para qué quieres entrenar una semana?

—No, si ya no estoy rebajado: me han quitado del mantenimiento del jardincillo y han puesto a otro —confesó el Melilla con cara de lástima.

—¿Qué fechoría has hecho ahora, Melilla?

—No, es que el mes pasado me fui un domingo a Málaga y me dejé la manguera y el grifo abierto: se encharcaron todos los arriates y las plantas, y se formó un barrizal de mil demonios que no veas; había agua por todos lados. El teniente Romera me ha quitado de los jardines y por poco me castiga a la prevención.

—¡Vaya, hombre! El teniente más cabronazo de la compañía, el que me encerró en el calabozo —pensé en voz alta, recordando mi paso por la trena.

—Pues sí, ese tío es un amargado, solo se dedica a castigar a todo el que se le pone por delante, con la gachí buenísima que tiene ese tío. —Y terminamos contando algunos chistes verdes sobre la «buenísima» señora del despiadado y cruel teniente Romera.

Al día siguiente, bajamos al campo de deportes sin haber conseguido ningún balón, pero cuando llegamos había varios soldados pegando pelotazos a varios de reglamento, o sea, de cuero. Un cabo primero observaba los movimientos de los que los pateaban.

—¡Mi primero, aquí estamos los de la segunda compañía! Falta el primero Patxicoa, que me ha dicho que vendrá dentro de media hora; pero que si no viene mucho mejor porque ese no entiende nada de fútbol —comenté en voz alta y mirando al primero que nos iba a entrenar.

—Entonces, ¿para qué se ha apuntado si no sabe darle a un balón? —me preguntó.

—¡Porque quiere partirle la pierna a no sé quién, mi primero! —le aclaré.

—¡Pues qué bien, este Patxicoa siempre está cabreado y buscando bronca! —comentó aquel cabo entrenador.

Pasado un cuarto de hora, peloteando cada uno a su bola y el cabo Pringadera tirando balones a puerta y yo atrapándolos, el entrenador nos exclamó:

—¡Vamos a ver qué sacamos de aquí! Lo primero que vamos a hacer es tirar unos cuantos córneres porque quiero cerciorarme de cómo maniobráis cada uno de ustedes. ¡A ver, tú eres el portero según he visto, pues nada más llegar te has puesto bajo los palos! Por lo que veo lo haces bastante bien, pero tienes que procurar no lesionarte porque no tenemos portero suplente; además, me han dicho que juegas en equipos federados. Los demás juegan por afición, de modo que quiero saber a quiénes les va mejor defender y a quiénes atacar. Ahora que unos se coloquen a este lado y los demás a este otro.

Estábamos los trece jugadores, ya que el cabo primero Patxicoa ya se había incorporado al equipo: seis se dispusieron como defensas y cinco rematando, uno centrando balones y lanzando saques de esquina y yo en la portería bajo aquellos vetustos palos. De los cinco soldados que remataban a puerta, dos lo hacían bastante bien: uno de esos era el cabo Pringadera; los otros tres eran más bien flojitos y, entre estos, se encontraba mi amigo, el cabo primero Patxicoa, que no remataba ni una; pero yo no lo quería de defensa. Aquellos cinco delanteros eran unos pardillos a mi lado; hubiera prescindido incluso de los seis defensas: yo solo me hubiera bastado para que ninguno de aquellos rematara ni una sola vez a puerta. Balón que venía por alto, balón que terminaba en mis manos o lo despejaba de puños.

—¡Hostias, Martín, a ti no hay quién te meta un gol! Llevamos casi diez minutos centrando balones y siempre sales, pegas un salto y te quedas con todos los balones —se lamentaba Patxicoa.

—¡Bueno, ya está bien, ya he visto bastante por el momento! Aquí lo que sí tengo seguro es que la portería está bien cubierta: se ve que el cabo Martín ha jugado bastante al fútbol. Ahora, lo que hay que ver es dónde ubicamos al resto del equipo —analizaba el cabo primero que nos entrenaba.

Más tarde, me enteré de que ese cabo primero entrenaba a un equipo juvenil de su tierra y que no lo hacía nada mal, pues su equipo siempre estaba arriba en la clasificación de su categoría. De hecho, al segundo día, el entrenador ya tenía el equipo definido y a quiénes iban a jugar en cada demarcación. Yo le solicité que si podía me proporcionara unas rodilleras y unos guantes porque el campo de fútbol estaba lleno de *chinorros* y allí podía salir destrozado y magullado; los siguientes ya entrené con los guantes y las rodilleras que me proporcionó y, de esta forma, me encontraba mucho más protegido, ya que casi siempre yo había entrenado en campos de césped reglamentarios.

Esa semana la pasamos estupendamente: por la mañana, entrenábamos durante dos o tres horas y, por la tarde, nos reuníamos en la litera del Pringadera los cuatro de la segunda compañía que íbamos a jugar el partido, Pringadera, el Melilla, Patxicoa y yo, y departíamos sobre cómo teníamos que jugar, de la leña que íbamos a repartir y de otras historias de la mugrienta mili. Estábamos muy seguros de que por muchas patadas y entradas duras que les hiciéramos a los jefes que jugaran contra nosotros, ninguno de ellos se quejaría porque el «orgullo militar» no se los permitiría: cuando recibieran una patada nuestra, se cagarían en nuestros muertos, pero no incurrirían en ninguna represalia ni castigo, pues estaría muy mal visto por otros jefes.

Llegó el ansiado domingo, día del partido, y la expectación había ido en aumento durante toda la semana; tanto es así que montaron una tribuna con un pequeño graderío donde se sentaban el coronel, algún teniente coronel, comandantes, capitanes y tenientes; yo no sé de dónde habían salido tantos jefes y mandos: a la mayoría no los reconocía. Todos los alrededores del campo de fútbol estaban atestados de soldados para presenciar aquel encuentro y ávidos de ver caer derrotados al equipo de aquellos jefes y oficiales, que en aquellos años de mi servicio militar dirigían con tan mala uva aquel maldito campamento. Además de tanto militar, también se encontraban en esa tribuna algunas mujeres esposas de esos jefes y, entre ellas, se hallaba la estupenda esposa del teniente Romera, culpable de mis dos meses de calabozo.

A primera vista, el equipo de los jefes parecía más equipo que el nuestro, pues estaba muy bien provisto: una vestimenta recién estrenada y unas botas nuevas que no sé de dónde las habían sacado ni quién se las había proporcionado. Por el contrario, nuestro equipo se veía desaliñado, con una equipación muy vieja con los colores del Atlético de Madrid, unas botas muy viejas que tampoco sabía de dónde habían salido y que a la mayoría no nos quedaban muy bien. Finalmente, un tipo vestido de árbitro con el equipo oficial y dos linieres con equipaciones oficiales conformaban el trío arbitral. El campo de fútbol lo habían pintado con todas sus líneas reglamentarias y habían quitado los *chinorros* más grandes, pero de todas las maneras seguía siendo un patatal.

El árbitro llamó a los dos capitanes de ambos equipos y cumplió con todo el protocolo de cualquier partido oficial. En el primer tiempo no jugaron ni el Melilla ni el cabo primero Patxicoa: el entrenador les prometió que saldrían en el segundo tiempo si el resultado iba a nuestro favor. La verdad es que ese día disfruté de lo lindo jugando al fútbol: frente a mí estaba mi capitán, don Julián Pontón, cabroncete principal de la segunda compañía; el chulesco teniente Las Heras de la tercera compañía y el más cabrón de todos, el gordinflón, petulante y necio teniente Romera. «Pero ¿cómo puede jugar al fútbol este tipejo tan grande y con esa barriga? Valiente militar, ¿no ve que va a hacer el ridículo?», pensé al ver al último en calzoncillos, con una pinta que daba pena.

Aquel balón se puso en juego y el primer pelotazo del equipo de los jefes, que vino sobre mi área después de varios minutos, lo despejó uno de mis defensas, que alejó el balón hacia el centro del campo. Seguidamente, llegó otro balón sobre mi área pequeña y el teniente Romera «intentó» saltar para cabecear el balón contra mi portería: no sé lo qué pretendía, porque aquel capullo no había jugado un partido de fútbol en su vida. También saltó para cabecear otro jefe más joven, pero en ese momento salí hacia el borde de mi área pequeña, di un gran salto en busca del balón para despejarlo y lo golpeé con ambos puños con tanta fuerza que me llevé por delante a aquellos dos ineptos, con tan mala fortuna para el teniente Romera que se cayó a plomo dándose un gran costalazo, su barriga se enfrentó a la superficie de tierra y su gran abdomen salió perdiendo, ya que se lo tuvieron que llevar casi a rastras y malherido. Mientras lo retiraban, miré hacia las gradas y observé a la esposa de Romera, que parecía disfrutar con el costalazo de su marido; a mi parecer, ese matrimonio seguía unido de cara a la galería porque no podía comprender cómo un tío gordo, gilipollas, mala hora y con muy poco salero podía tener una esposa tan agraciada.

Mi equipo marcó, pero no recuerdo cómo ni cuándo; quizás fuera porque el portero que defendía la portería de los jefes era muy mayor y ese no se tiraba al suelo ni para coger billetes de mil pesetas.

En el segundo tiempo, salió a jugar el Melilla y mi amigo y cabronazo cabo primero Patxicoa; por parte de los jefes, por supuesto, el teniente Romera no pudo salir a jugar porque quedó tocado durante varios días después del achuchón que le metí a ese cabrón. El capitán Pontón continuó en ese segundo tiempo, haciéndose el valiente, aunque no podía ni con su alma. De vez en cuando, desde lejos, se dirigía hacia mí señalando con los dedos que me marcaría dos goles; yo sonreía aguardando a que se aproximara por el área pequeña para recibirlo como se merecía. Una de las pocas veces que se acercaron a mi portería, de casualidad, la pelota la conducía Pontón: se adentró en el área grande con el permiso de mis defensas, a los que yo les había dicho que, si por allí se acercaba el capitán, lo dejaran llegar hasta el área chica, que yo «lo iba a recibir muy bien». Hasta allí lo dejé llegar, pero no le permití que avanzara ni un paso más y salí a su encuentro. Un tipo bajito, con más de cincuenta años y con poca fuerza física, y, frente a él, un tipo con veinte años, fuerte, rápido y sabiendo jugar un poco al fútbol; ya podéis imaginar lo que puede salir en un choque entre estos dos tipos. Salí a su encuentro y me lancé a sus pies con toda la mala leche del mundo arrebatándole el balón limpiamente; cuando quiso darse cuenta, estaba volando por encima de mí sin control alguno cayendo de bruces y aterrizando con su cara en la tierra, con tan mala fortuna que, cuando pudo levantarse, lo tuvieron que retirar del campo sangrando por la nariz, cojeando y doliéndose de la clavícula. Antes de marcharse del campo, me señaló con la mano y me advirtió:

—¡So cabrón, te vas a enterar cuando lleguemos a la compañía!

A mí no me importaba aquella amenaza, pues ya había alcanzado mi venganza sobre aquellos dos nocivos militares del gran Ejército español de aquellos años y del funesto dictador, llamado por algunos exaltados «patriotas» Caudillo de España.

Desde la tribuna de militares, se oyó gritar a una voz que nunca supe de quién era:

—¡Pontón, no la tomes con el chaval! ¡Lo que tienes que hacer es no jugar a una cosa que no sabes! ¡Coño, que eres muy viejo!

Yo creo que el que profirió aquel grito debía ser un superior con más graduación que mi capitán, pues este ni levantó la mirada para ver quién le gritaba y se quitó de en medio herido, cojeando y sangrando.

Durante los días siguientes en la compañía nadie se acordaba de aquel partido excepto nosotros, los que jugamos ese «gran encuentro». Tengo que decir que el partido acabó cinco a cero; por supuesto, a nuestro favor, a pesar de jugar el Melilla y mi amigo, el cabo primero Patxicoa, que resultaron dos inútiles. Reunidos, comentando algunos de los pasajes del partido, y con aquella semana de permiso, nos reíamos de todos aquellos necios militares que habían destrozado parte de nuestras vidas durante dieciocho meses.

Misión fantástica: una nueva fanfarronería del capitán Pontón

Un domingo de los muchos en los que tenía que permanecer en el cuartel de Benítez por no tener ninguna posibilidad de fugarme del campamento para ir a Málaga y ver a mi madre y a mi novia, se me acercó el primero Patxicoa, que casi nunca salía del acuartelamiento, para comentarme:

—Martín, el otro día me ordenó el teniente Vita que agrupe y haga un equipo de siete soldados que sean de los más entrenados y duros de la compañía, y que, cuando los tenga, me presente con ellos porque nos tiene que transmitir unas órdenes del capitán.

—Pero ¿no te ha dicho para qué quiere a ese grupo de soldados? Qué cosa más rara, Patxicoa. ¿Qué estará tramando ese tío?

—¡Pues no lo sé! Es que ni me lo imagino, pero seguro que estará planeando cualquier chorrada de las suyas. ¿Te apuntas a ese grupo, Martín?

—De momento me apunto, pero si veo que no voy a sacar ningún beneficio me pongo enfermo o lo que sea y me borro —le contesté.

La charla que tuve con Patxicoa se la comenté al cabo Pringadera y al Melilla y me dijeron que se apuntaban: ya veríamos la forma de obtener algún beneficio de todo aquello que aún desconocíamos y que muy pronto nos transmitirían cuando el equipo estuviera completo.

—Mi primero, ¿ha reunido ya a ese pelotón de soldados? —le pregunté al cabo primero.

—Aún me faltan dos soldados para completar ese grupo, porque no quiero llevarle al teniente Vita gente que yo no conozca bien —me contestó Patxicoa.

Como ya he comentado antes, al cabo primero Patxicoa no le tenían mucho aprecio ni la tropa ni los jefes y, por lo tanto, la gente no se fiaba de él. La realidad era que tenía muy pocos amigos dentro de la Compañía.

—¡Martín, ya tengo completado el grupo! Nos vemos todos dentro de hora y media en la puerta de la compañía para presentarnos al teniente Vita y ver qué quieren hacer con ese equipo. ¡Veremos lo que han inventado estos cabrones!

Una vez reunido el grupo de soldados y el cabo primero, nos fuimos en busca del teniente Vita para saber lo que quería de nosotros. El teniente nos congregó en el despacho del capitán Pontón, aunque este no se encontraba allí en ese preciso momento. Tomó asiento y nos invitó a acomodarnos en unos bancos cercanos; así comenzó a explicarnos lo que pretendía del grupo:

—Veréis, el capitán me ha ordenado que forme este equipo para que realicemos una operación militar de guerrillas. Yo solo estoy aquí para transmitiros estas órdenes, porque él —El teniente dirigió la mirada hacia el cabo primero Patxicoa— va a estar al mando del grupo y de la operación, y también será el que planifique la forma de llevarla a cabo, esperemos que con éxito. La misión será entrar en el campamento y tomar la segunda compañía sin que los centinelas que estén haciendo guardia en ese momento adviertan vuestros movimientos ni vuestra presencia. Partiréis todos desde el exterior del cuartel y deberéis entrar de la forma que dispongáis sin ser advertidos. Toda esta misión se llevará a cabo de noche, como es lógico, y con todo el armamento de un infante. Como ya os he dicho, la forma de entrar debéis estudiarla vosotros.

—¡Mi teniente, para llevar a cabo toda esta operación tendremos que estudiar muy detalladamente los puntos más débiles y estratégicos de todo el acuartelamiento y para eso necesitaremos, al menos, cinco o seis días! —dijo el cabo Pringadera, que para estas lides era un lince.

—¡Llevas razón, cabo! —le contestó el teniente Vita—. Ya lo tenía previsto. Hablaré con el furriel para que no os asigne ningún servicio durante cinco días y ya me decís qué noche vais a llevar a cabo toda esta operación, ¿de acuerdo, muchachos?

Nos marchamos los siete soldados del grupo con el primero Patxicoa para estudiar aquella extraña orden, aunque en realidad era una propuesta, pues si hubiéramos resuelto no aceptar aquella rara idea la hubiéramos dejado y punto.

—¿Por qué habrá inventado este rollo el mamón del capitán? Seguramente, para ponerse una medalla delante del coronel al quedar como un gran estratega si sus «bravos» soldados consiguen asaltar con éxito el campamento. —Esta reflexión la expresé en voz alta y todos los compañeros asintieron.

—¡Pues sí, Martín! Seguramente ese será el motivo: el capitán siempre está maquinando la forma de darle por el culo a cualquiera o para quedar muy bien ante los demás oficiales y jefes —sentenció el primero Patxicoa.

Durante esos cinco días no dimos golpe al agua porque poco había que estudiar sobre la forma de poder entrar a través de las murallas y las garitas del cuartel, ya que yo conocía todos los recovecos y muros porque los había saltado y escalado muchas veces para escaparme y conocía muy bien los puntos más accesibles y los menos vigilados de todas las murallas del cuartel. Una de esas tardes estuve dibujando un croquis bastante fiable del amurallado, del emplazamiento de las garitas y de la distancia entre ellas, y cuando estuvimos reunidos para ultimar todos los detalles le enseñé aquel plano al grupo.

—¡Leche, Martín! ¿Pues no parece que estuvieras toda la vida haciendo planos y acciones de guerrillas? Vaya trabajo que has hecho. Si la cosa sale bien, se lo ofrezco al capitán para que lo guarde de recuerdo —comentó Patxicoa.

—Si le das ese plano, seguro que creerá que te estás burlando de él y te va a mandar a la mierda —le dije al cabo primero.

—¿Por qué se va a cabrear? Si el plano está de puta madre —remató Patxicoa—. Bueno, bueno, mañana por la noche salimos por la puerta de Torreones armados y con una orden del teniente Vita para que nos dejen salir; nadie debe saber a dónde nos encaminamos y para qué salimos. Nos dirigimos hacia la estación del campamento y nos quedamos en la zona de los pinares hasta que sean las tres de la madrugada. A esa hora, el cabo Martín nos indicará por qué zona de la muralla tenemos que adentrarnos y, una vez dentro, debemos llegar hasta la segunda compañía. A ver cómo podemos evitar al soldado que esté de imaginaria y así plantarnos en el centro de la compañía; por supuesto, hay que apartarse de la zona del cuerpo de guardia porque por allí siempre hay demasiados soldados deambulando.

El día del famoso asalto a la segunda compañía llegó y los del grupo de los siete más el cabo primero Patxicoa no nos separamos durante todo el día, pues estuvimos repasando y visitando desde el interior del acuartelamiento todos los puntos por donde teníamos que desplazarnos durante aquel asalto. Patxicoa, yo, Pringadera, el Melilla, el Niño de la bola, Joaquín Mata (un chico de la calle Ferrándiz, del barrio de la Victoria de Málaga) y dos soldados más, cuyos nombres no recuerdo y a los que seleccionó Patxicoa. Ese día la gente nos miraba extrañada, quizás preguntándose qué tramaríamos todos juntos con el «villano» Patxicoa (ya he puntualizado antes que a este cabo primero, extrañamente muy amigo mío, no lo soportaba nadie), ya que caminábamos todo el día juntos y dando vueltas por todo el campamento.

Sobre las nueve de la noche y armados hasta los dientes, como si fuéramos a una escaramuza de guerra, con mosquetón en la bandolera, correaje con las cartucheras repletas de munición, machete a la cintura, botas de campaña y pistola (lo único que nos faltaba al grupo era pintarnos la cara de betún, pero eso hubiera llamado demasiado la atención); nos dirigimos hacia el puesto de guardia de la gran puerta de Torreones. Una vez que llegamos, el cabo primero Patxicoa le hizo entrega al cabo de la guardia el salvoconducto firmado por el teniente Vita para que nos dejaran salir. Aquel cabo de guardia leyó la orden y nos dejó marchar, un poco extrañado de ver a siete soldados y a un cabo primero muy bien armados con órdenes de abandonar el cuartel a aquellas horas tan tardías; se extrañó con toda la razón del mundo, pues aquella situación no era nada habitual. Mientras leía el escrito, me fijé en que en ese puesto de guardia había más soldados de lo habitual, pues siempre había dos soldados y un cabo, y en ese caso, un cabo y cuatro soldados. Todo aquello era inusual: ocho tíos saliendo del cuartel con un salvoconducto, armados y de noche, y el puesto de guardia de la entrada al campamento con el doble de soldados. ¡Claro que era muy extraño! Cuando nos dejaron vía libre, le puntualicé al cabo primero:

—Patxicoa, ¿no te has fijado en que hay el doble de soldados haciendo la guardia?

—¡Sí, lo he visto, pero espera, que me vuelvo para preguntarle por qué han redoblado la guardia!

Patxicoa se volvió para hablar con el cabo de Torreones y enterarse de por qué había más soldados de lo habitual. Cuando volvió, dijo:

—¡Este capitán es un zorro! El hijo de puta ha hablado con el teniente de guardia para que doble el número de soldados en cada puesto y en cada garita y así ponernos la «misión» más embarazosa y que la caguemos.

—Pero bueno, ¿este capitán qué es lo que pretende, que cumplamos la misión de entrar en el cuartel o que fracasemos? ¿En qué quedamos? —se quejó alguien del grupo.

—Este capitán siempre saldrá ganando: si fallamos, dirá que la segunda compañía y el cuartel de Benítez son inexpugnables; si la cumplimos y al final conseguimos entrar, dirá que tiene un equipo y unos soldados entrenados, capaces de apoderarse de una compañía de doscientos soldados. ¡Este capitán no es tonto, se las sabe todas! —respondí a aquella pregunta sin reflexionarla dos veces.

—Bueno, pues ya lo sabemos: ahora tendremos que afinar mucho más. A ver cómo nos las apañamos —comentó el cabo Pringadera.

—¡Menudo rollo! ¡No, si al final nos enredan! —exclamó uno del grupo.

—¿A que nos meten un paquete de mil cojones y no salimos más del campamento o nos llevan a una cárcel militar y nos echan unos pocos años de castigo? —dije con cara de cachondeo: ya me estaba tomando todo aquello a broma, con un gran cinismo; pero hablaba muy en serio—. Supongamos que conseguimos evadirnos de todos los puestos y garitas de guardia y que también conseguimos entrar en la segunda compañía. Después de todo eso, dice el capitán Pontón y el teniente Vita que ellos no han dado ninguna orden de nada ni de hacer un simulacro de asalto, y que la carta para el cabo de Torreones para que nos dejaran salir no la ha escrito el teniente, sino nosotros, porque todo ha sido un montaje nuestro y del cabo primero Patxicoa y que somos un grupo de majaretas que han querido gastar una broma a toda la segunda compañía. ¡No veas tú la que nos puede caer!

—¡Me cago en la leche! ¡Serás cabrón, Martín! ¡Pues no me estás metiendo las cabras en el corral, coño! —dijo Patxicoa.

—Eso no puede ser, Martín: si el cabo furriel nos ha rebajado de servicio toda la semana por orden del teniente Vita es porque también está en el ajo y todo es real; por lo tanto, no nos pueden hacer nada —aclaró el cabo Pringadera.

—¿Y por qué no nos marchamos todos para la segunda compañía y dejamos esta historia de mierda? —dijo el Niño de la Bola, que casi nunca hablaba porque era una persona muy introvertida. No pude reprimir la risa y casi me tiro al suelo de tanto reír, ya que el Niño de la Bola era un cateto, pero muy serio y responsable.

—¡Venga, Martín! Vamos a dejarnos de cachondeo y no inventes más historias, que estás poniendo nerviosa a la gente —dijo Patxicoa.

—Pero ¿no quedamos en que este era el equipo más valiente y audaz de toda la segunda compañía? ¿Ahora os vais a cagar? —los sermoneé riéndome.

—¡Bueno, vamos! ¡Vamos al lío! —animó el Melilla, que estaba impaciente por comenzar aquella extraña aventura.

Nos pusimos en marcha y caminamos rápido rodeando las murallas hasta llegar a un punto cercano a los pinares de la playa, donde nos sentamos en el mullido suelo de las agujas secas de aquellos enormes pinos piñoneros a la espera de que dieran las tres de la madrugada, hora establecida para iniciar el asalto. Durante la espera estuvimos hablando de cosas triviales y, es muy curioso, no hablamos nada sobre la operación que teníamos que llevar a cabo dentro de muy pocas horas; también estuvimos comiendo unos pobres bocadillos y alguna que otra cerveza y coca-colas que llevábamos en nuestras mochilas. La noche era magnífica, con una temperatura excelente, pero a nosotros no nos venía nada bien una tan cálida y con tanta visibilidad, pues había luna llena y se veía perfectamente a pesar de ser de noche. Nos hubiera interesado una oscura y lluviosa, ya que los centinelas estarían cobijados en el interior de sus garitas para evitar mojarse. Tampoco nos venía nada bien que hubieran doblado la guardia, pues cuatro ojos ven más que dos.

Le ordené al equipo de asalto que nos pusiésemos en marcha: ahora era yo el que mandaba en aquella patrulla porque era el que conocía al dedillo el terreno por donde nos movíamos debido a todas las escapadas furtivas y sin ningún permiso que hacía cada vez que se me presentaba la ocasión. Atravesamos el pinar y nos dirigimos hacia un paraje de las murallas que quedaba en el centro justo y equidistante entre dos garitas. Estas, pequeños cubículos para guarecerse, serían seis o siete y estaban situadas en lo alto de las murallas; a estas, creo recordar, se ascendía a través de unas escalinatas de cemento. Estarían separadas unas de otras aproximadamente unos cincuenta metros. A una distancia aproximadamente de treinta o cuarenta metros frente al muro, nos detuvimos detrás de algunos crecidos matorrales desde donde era casi imposible que nos divisaran: aquella superficie estaba plagada de pequeños arbustos que terminaban a tres o cuatro metros del murallón, por lo que el riesgo de ser descubiertos radicaba en esos últimos tres o cuatro antes de llegar al muro. Me adelanté en solitario muy lentamente hacia la muralla, gateando en silencio y, al mismo tiempo, observando a los soldados, que realizaban guardia en las dos garitas. El de mi derecha, el capullo estaba fumando y en babia y, como se puede suponer, fumar estaba prohibido haciendo guardia; el de la garita que quedaba a mi izquierda estaba retrepado contra la pared. Seguí reptando lentamente hasta llegar a tocar el muro: yo había escogido ese lugar porque se podía escalar sin ningún problema, pues alguien había hecho unas hendiduras muy profundas por donde se podían introducir los pies y las manos e ir escalando fácilmente. Subí a lo alto del muro sin ninguna dificultad y volví a bajar hasta acercarme a la patrulla, que me esperaba impaciente tras aquellos grandes matorrales.

—¿Cómo ha ido la cosa, Martín? —me preguntó el cabo primero Patxicoa.

—¡Bien, muy bien, mi primero! Os habréis fijado en el punto exacto por donde he escalado: si por error os desviáis un poco, buscad unas hendiduras en la pared y veréis que es fácil de subir. Lo que tenéis que hacer es no producir ningún ruido: los centinelas están atontados y en esta zona hay muchos matojos, de modo que ir buscando dónde arrastrarse por detrás de cada arbusto. Donde debéis tener más cuidado es cuando os falten tres o cuatro metros para llegar a la pared; luego, os arrimáis al muro, os pegáis como una lapa y comenzáis a subir.

—¿Y cómo hacemos para bajar a la otra parte del muro? —preguntó el Melilla.

—No hay problema, porque la altura de la parte interior del muro es bastante más baja y se puede franquear fácilmente. Serán dos metros y medio o quizás tres, pero procurad no hacer ruido al caer.

—¡Coño, dos metros y medio o tres! Ni que fuéramos gatos —comentó alguien.

—¡Leche, que dos o tres metros no son nada, cojones! —le respondí.

—Bueno, dejaros de leches y vamos a salir de uno en uno y en total silencio. ¡Esto tiene que salir bien, coño! —dijo tajante Patxicoa.

—Cuando saltéis hacia el interior, no esperéis a los compañeros, avanzad en línea recta y encontraréis los abrevaderos de las caballerizas a unos cuarenta metros: allí nos reuniremos todos. En los pilones ya no habrá ningún peligro. ¡Yo saldré el último!

Con esta última indicación, comenzamos a salir de uno en uno los siete soldados encabezados por el cabo primero Patxicoa, que fue el que llegó en primer lugar para trepar por la muralla. El penúltimo en marcharse de aquellos grandes matorrales fue Joaquín Mata, que fue reptando entre los pequeños matojos hasta cerca de aquel muro. En ese momento, uno de los centinelas se movió y avanzó varios metros en la misma dirección por la zona donde estábamos escalando aquella pared. Temiendo que este hubiera notado o escuchado algo extraño y echara a perder todo aquel tinglado, cogí una piedra y la lancé lejos y hacia el lado contrario de donde avanzaba el centinela; de inmediato, el guardián cambió de dirección y volvió sobre sus pasos dando ocasión a que Mata llegara al muro sin ser visto. Durante todo este tiempo en que subíamos uno tras otro los muros del cuartel, estuve valorando el alcance y las consecuencias de esta maniobra militar: una de mis grandes inquietudes y reflexiones era qué podría pasar si alguno de los centinelas nos descubría y nos daba el alto. Los centinelas llevaban sus fusiles cargados con su munición reglamentaria y si alguno de ellos se ponía nervioso al descubrir a personas extrañas y desconocidas en plena noche, cualquier cosa podía ocurrir; así que no las tenía todas conmigo porque no sabía qué situación se podía presentar en el caso de que nos descubrieran. El centinela ya no se movió más de su garita y yo que salí el último: llegué sin novedad al muro, lo escalé y salté al interior; caminé unos metros hasta llegar a los abrevaderos y allí se encontraban reunidos y esperándome los siete soldados restantes, miembros de aquella cuadrilla de asalto.

—¡Bueno, no ha salido nada mal la cosa! —dijo el cabo Pringadera.

—¡La verdad, yo esto lo veía más complicado! ¡Yo creía que no lo podíamos conseguir! —aseveró el primero Patxicoa.

—A ver si os enteráis todos —dije yo—: ha sido relativamente fácil porque sabía el punto exacto por donde no tendríamos ninguna dificultad para entrar en el cuartel; a ver si tenéis cojones de buscar un sitio por donde entrar y que no sea este lugar.

—Pues es verdad, porque ninguno de nosotros conocíamos nada sobre estas murallas y Martín, según ha demostrado, las conoce al dedillo —respondió el cabo primero.

—Vale, vale, vamos, que ahora tenemos que acabar esto y nos queda la segunda parte, que es penetrar en la compañía sin que el imaginaria de guardia se entere de nada —habló Joaquín Mata.

—¡Coño, Mata, por fin has hablado! ¡Menuda novedad! —bromeó Patxicoa.

Más tarde nos enteramos de que al imaginaria le dieron la orden de que estuviera muy alerta durante la noche para que nadie entrara ni saliera de la segunda compañía, y menos portando un arma.

Miramos nuestros relojes y serían las cuatro y veinte de la madrugada, por lo que habíamos empleado una hora y veinte en penetrar en el cuartel. No teníamos muy definida la forma de entrar en la compañía, por lo que fuimos circunvalando la edificación sin demasiadas complicaciones, ya que el imaginaria, soldado de la puerta, no podía abandonar el pórtico de entrada. Fuimos escudriñando uno por uno los grandes ventanales de la edificación por si alguno de ellos había quedado abierto, cosa poco probable, ya que el soldado encargado de vigilar la compañía durante la noche era el encargado de cerrar todos los ventanales. Nos llegamos a las pequeñas claraboyas de los aseos y de las duchas y también estaban cerradas; por lo tanto, teníamos que estudiar algún plan para poder acceder al interior del edificio. Mientras buscábamos una manera, dije:

—¡Hemos sido unos tontos gilipollas! Teníamos que haberle dicho a algún compañero del interior lo que estábamos planeando para que nos facilitara el camino desde dentro, de modo que nos dejara alguna ventana entreabierta, y ya estaríamos dentro de la compañía sin ninguna dificultad. ¡Valientes lilas estamos hechos!

—Bueno, bueno, pensad que nos van a dar las claras del día y no vamos a terminar lo que hemos empezado tan bien —dijo alguien.

—¡Ya está! ¿Quién tiene tabaco y mechero? —Me los dieron, comencé a quitarme el correaje y me puse el pantalón por encima de las botas y sobre el empeine. Les dejé a mis compañeros el fusil, el machete y la pistola y solo me quedé con la camisa, que la saqué por fuera del pantalón. Así, un poco desaliñado, como si viniera de dormir, me dispuse a poner en marcha mi idea para poder entrar en la compañía.

—Pero ¿qué estás haciendo, Martín? —preguntaron sorprendidos los compañeros.

—¡Tranquilos, que dentro de un rato vuelvo, no os mováis de aquí! —les ordené.

Caminé hacia la quinta compañía fumándome uno de aquellos cigarros y, una vez que llegué, me acerqué al centinela en actitud indiferente.

—Buenas noches, imaginaria —lo saludé.

—Buenas noches, cabo. ¿Qué haces a estas horas por aquí? —me preguntó extrañado el soldado.

—Pues que no podía dormir pensando en que tenía que darle un mensaje a Manuel Guerrero, que seguramente tú lo conocerás porque pertenece a esta compañía. Es muy importante para él y me he llegado por si me dejas entrar para darle el recado. Como ya te digo, es muy importante para él porque es algo de su familia que le tengo que notificar lo antes posible.

—Claro que lo conozco, pero ¿cómo lo voy a despertar con lo tarde que es? Si ya pronto tocarán diana. Tendrá que ser una noticia muy importante. Bueno, pasa, pero no formes ningún jaleo y no tardes mucho.

—¡Vale, gracias! ¡No tardo mucho!

Aquella trola coló y el imaginaria me dejó entrar: me indicó dónde dormía Manuel Guerrero y casi a oscuras me llegué a su litera. Era un amigo de mi barrio que estudió conmigo en el Instituto de Formación Profesional Francisco Franco de Málaga y al que yo había saludado y con el que había charlado varias veces durante la mili, por lo que no tenía ningún problema en despertarlo y contarle la historia. Llegué a su litera y lo hice: lo calmé un poco porque se asustó al verme y a las tantas de la noche; por supuesto, nunca se hubiera esperado esta visita mía.

—¿Qué ocurre? ¿Qué pasa? Martín, ¿qué haces tú aquí? ¿Pasa algo?

—¡No, no, tranquilo, tranquilo! Es que necesito un favor y me he acordado de ti, hombre.

Le detallé lo que necesitaba de él y accedió a hacerme ese favor. Se levantó, se vistió, salimos de la quinta compañía y le dijo al imaginaria al salir:

—Imaginaria, voy a acompañar a mi amigo el cabo Martín a la segunda compañía porque me tiene que dar una cosa importante, por favor. Dentro de un rato vuelvo.

A esas horas no se podía entrar ni salir de las compañías, pero este centinela era un tío simpático y no tenía maldad alguna, así que no le importó que saliéramos o entráramos. Llegamos los dos a la segunda compañía y nos dirigimos al soldado que vigilaba la entrada.

—¡Buenas noches, compañero imaginaria! —lo saludó mi amigo Guerrero.

—¡Buenas noches! ¿Qué hacéis los dos por aquí? —preguntó extrañado.

—Es que vengo a traer al cabo Martín, que esta noche se ha quedado a descansar en mi compañía porque teníamos que contarnos algunas cosillas; pero se ha puesto enfermo del estómago y es preferible que se quede en su litera y en su compañía: por si se pone peor, que esté con sus compañeros. —Mientras tanto, yo me apretaba el abdomen y me quejaba, como si me doliera la tripa.

—¡Venga, pasa, cabo; pero no veas la hora de venir y de ponerte malo! —dijo el soldado de la puerta, que me conocía sobradamente, como es lógico.

Me despedí de mi amigo Manolo Guerrero dándole las gracias y se marchó hacia su compañía; yo entré en la mía sin ninguna dificultad. Ya estaba dentro y, de inmediato, me dirigí al fondo del edificio. Muy despacio, abrí uno de los enormes ventanales, me descolgué hacia el exterior y busqué a mis compañeros del grupo de asalto, que me esperaban con gran impaciencia, pues yo no les había explicado lo que había urdido para poder entrar en la segunda compañía.

Volví a colocarme toda la ropa, los correajes, la chaquetilla, la bayoneta, la pistola y demás arreos y, una vez todos dispuestos y armados, penetramos a través del gran ventanal en completa oscuridad y en silencio, y nos plantamos en el centro de la compañía. El cabo primero Patxicoa se dirigió hacia la *furrielería*, despertó al cabo furriel y le ordenó que encendiera todas las luces cuando él lo avisara. Nos indicó que, en el momento en el que la compañía estuviera iluminada, él gritaría que quedaba prisionera y cautiva del grupo de asalto y que, al que se moviese, le pegaba un tiro.

Nosotros, los ocho del grupo, debíamos tener los mosquetones en posición de ataque y una expresión enloquecida de mala leche.

A los dos minutos, la segunda compañía se iluminó hasta el último rincón y Patxicoa gritó con todas sus fuerzas:

—¡¡Atención, soldados, esta compañía quedará, hasta nueva orden, prisionera y cautiva de este grupo de asalto y al que se mueva le pego un tiro y lo dejo frito, hijos de puta!!

No veas tú la cara de los doscientos y pico soldados de la compañía: no podían dar crédito a lo que estaban presenciando, ni por asomo comprendían qué era lo estaba ocurriendo allí. Aquella situación era rocambolesca e impensable. Nadie se movía al ver a aquellos ocho soldados armados como para ir a una guerra, apuntando a todos los camastros de aquellos soldados que estaban alucinando, preocupados, sin saber qué hacer y, además, con el primero Patxicoa con un fusil apuntándolos. Todo el mundo sabía que estaba medio loco y que en cualquier momento podía comenzar a disparar si aquello iba en serio.

De pronto, apareció por el fondo de un pasillo el teniente Vita, somnoliento y en calzoncillos, y, dirigiéndose a la patrulla de los ocho, nos ordenó gritando que bajásemos las armas. Todavía más asombro en la cara de aquellos soldados que, en calzoncillos, seguían sentados en sus literas; otros se habían bajado y estaban de pie y descalzos, expectantes para ver en qué terminaba todo aquello. Toda la compañía en paños menores, ocho soldados vestidos y con sus armas reglamentarias en las manos, amenazantes y apuntándolos, y un teniente en calzoncillos adormilado y ordenando a la patrulla que las depusiéramos. ¡No veas tú aquel numerito! La tensión del momento desapareció en cuanto bajamos las armas y el teniente Vita comenzó a tocar las palmas. Se dirigió al primero Patxicoa y al resto del grupo:

—¡Muy bien, cojones, muy bien! ¡Leche, lo habéis conseguido! ¡Qué cojones!, esto me lo tenéis que explicar todo paso a paso mañana cuando halláis descansado. —El teniente Vita estaba exultante, pues parecía que aquello era una misión real de guerra y él era el que la hubiera realizado y dirigido con pleno éxito. Con voz potente, con una facha un poco ridícula al presentarse en calzoncillos en medio de la compañía y con su peculiar tic nervioso acentuado a causa de la «emoción», gritó—. ¡Compañía, todos a seguir durmiendo! ¡Esto se ha terminado!

Nos despedimos del teniente Vita y cada uno de nosotros nos retiramos a nuestras respectivas literas para descansar. No teníamos que levantarnos al toque de diana, pues teníamos permiso para ello, de modo que me tumbé y me cubrí con la mejor y la más especial manta de todo el campamento, que me fue donada por un veterano amigo que ya se licenció. Al poco, me dormí con la tranquilidad con la que duerme un bebé.

Todo el Campamento tuvo noticia de los ocho «guerreros» de esa patrulla que asaltó el cuartel de Benítez e hizo prisionera a la segunda compañía. El capitán Pontón creo que fue felicitado por el coronel por tener a sus soldados como a ellos les gustaba, tan decididos y arrojados; pero la parte negativa de todo aquello fue que el cabronazo del capitán arrestó a todos los pobres soldados que hicieron guardia durante aquellas horas de la noche y permitieron entrar en el cuartel y sin enterarse de nada a ocho soldados de la segunda compañía. Lo sentí por aquellos soldados, pero aquella semana anterior al asalto que pasamos sin dar golpe mereció la pena.

Pocos días después, nos informamos de que el teniente Vita relató al capitán Julián Pontón todos los pormenores de nuestra «hazaña» y que este a su vez, orgulloso de sus soldados y de esa patrulla de asalto, se lo contó al coronel jefe del campamento Benítez, colocándose una nueva «medalla» en su flamante uniforme militar.

Mis fugas a Málaga

Como, después de los dos meses de calabozo, me sentenciaron a no salir del campamento hasta finalizar mi servicio militar, y como ya se ha visto, yo intentaba buscar la manera de que no me asignaran ningún servicio. En numerosas ocasiones, me fugaba del campamento Benítez eludiendo la vigilancia de los soldados de guardia y saltando las murallas por los sitios más convenientes y accesibles, claro está que para poder escaparme precisaba el poder eludir la hora de la retreta y parte de la hora de inicio de la formación de control nocturno. Este control de noche lo tenía bien superado siempre y cuando el cabo primero, mi amigo, Patxicoa estuviera a cargo de la compañía y él fuera el que pasara lista.

—Mi primero, hoy me voy a escapar para ir Málaga porque hace tiempo que no veo a mi madre ni a mi novia.

No era la primera vez ni la última que le pedía ese favor a Patxicoa porque casi siempre que él ejercía el servicio de semana al cuidado del acuartelamiento yo me escapaba con su aprobación; él contaba con mi discreción en el caso de que me detuvieran los centinelas o la policía militar, que hacía guardia por parejas por la ciudad y que detenía a cualquier soldado que ellos veían como sospechoso.

En el cuartel de Benítez con mi novia y el día que me visitó estando en el calabozo

—¡Vale, Martín! Pasas lista mañana después del toque de diana y después te puedes marchar. Tienes que volver como siempre, antes del toque de diana del lunes, y ten cuidado de que no te pesquen, porque si me preguntan por ti yo no sé nada y solo diré que, cuando he pasado lista a la compañía, tú estabas aquí.

Al día siguiente, domingo, al toque de diana me levanté y como siempre formé con todos mis compañeros delante de la compañía. El cabo primero Patxicoa comenzó a pasar lista y, una vez terminado este protocolo militar, entré de nuevo, me vestí de bonito (uniforme de calle), busqué al cabo primero y, cuando lo localicé, le avisé:

—¡Me marcho, mi primero! Hasta el lunes por la mañana. Volveré pronto.

—Martín, ven temprano, que mañana lunes termino el servicio de semana y ya habrá otro a cargo de la compañía; de modo que tienes que ser puntual para que cuando pase lista estés presente en la formación. ¿De acuerdo? —me precisó.

—A mí no tienes que darme toda esta monserga, tú sabes que nunca fallo y menos para meter en problemas a un amigo —le repliqué.

—¡Pues ya te estás marchando, Martín! Suerte y que lo pases bien.

Me fui rápidamente en dirección a una zona de las murallas que hacían esquina y por las que yo había saltado varias veces por estar cerca de la carretera de Cádiz. Ese día me fue muy fácil saltar al exterior sin ser visto por el centinela de la garita más cercana, pero, una vez en el exterior, cuando iba caminando pegado al muro y casi llegando a la carretera, otro centinela desde lo alto de la garita siguiente me divisó y me dio el alto:

—¡Alto, soldado! ¿Dónde vas? ¡Alto te he dicho! ¡Párate! —me gritaba con cara de enfado aquel soldado centinela y apuntándome con el mosquetón desde lo alto de la muralla.

—¿¡Te quieres callar, gilipollas!? ¿¡No te das cuenta de que ya estoy fuera y que no voy a volver a entrar porque tú me lo mandes!? ¡Anda y vete a la mierda, desgraciado! ¿¡No ves que soy un compañero!? —Me fui caminando tranquilo y pausado hacia la carretera buscando la parada del autobús de línea Málaga-Torremolinos.

Esas eran mis escapadas: me pasaba ese día con mi madre y mi novia y luego volvía al campamento, pero siempre en complicidad con mi amigo el primero Patxicoa cuando él estaba de servicio de semana en la compañía. Cuando volvía, siempre le traía un cartón de tabaco Craven «A», porque a él le gustaba esa marca inglesa de tabaco rubio.

Alguna que otra vez tuve algún contratiempo en estas salidas del cuartel, pero la más curiosa fue un día en el que salté los muros y me puse a hacer autostop en la carretera. Me había quedado sin dinero y ni mi madre ni mi novia me habían podido mandar ni un duro, así que, como digo, hice autostop; no pasó ni un minuto cuando un coche se detuvo y el conductor, un hombre de unos cincuenta años, me invitó a que entrara en el coche: me dijo que me llevaba porque iba para Málaga y no tenía ningún problema. Era habitual ver una cadena de soldados en el arcén de la carretera haciendo autostop y ahorrándose la espera y el dinero del autobús, lo mismo desde el campamento a Málaga que desde Málaga al campamento, y la gente que pasaba en sus coches los recogía porque le daban mucha lástima verlos en la carretera esperando a que los trasladaran a Málaga y a sus casas. Ese día, como digo, me recogió ese señor de unos cincuenta años.

—¡Buenos días! —lo saludé
—¡Buenos días, soldado! —me respondió aquel hombre con mucha cortesía.

Durante el trayecto hacia Málaga, me hizo algunas preguntas relativas a la mili y a qué tal me iba en el servicio militar y en el campamento Benítez. Yo me hice el enterado y además fui un gran bocazas: comencé a describirle cómo era el cuartel de Benítez y cómo eran sus jefes y mandos; los describí con toda clase de apelativos llenos de insultos.

—¡Este cuartel es una mierda! ¡Aquí nos dan muy mal de comer, los jefes y mandos son casi todos unos cabrones! ¡Esta mili es una mierda! Yo me he escapado hoy porque estos hijos de mala madre me castigaron para no salir en todo mi servicio militar.

Y así seguí hasta llegar a la calle Trinidad, donde este hombre paró su coche y me dijo:

—Soldado, ¿y si nos volvemos y te entrego en el cuerpo de guardia de tu cuartel? —Me quedé estupefacto mirándolo sin saber qué decir. Él continuó, mirando hacia los asientos de atrás y señalando la ropa militar que tenía muy bien doblada sobre uno de ellos—. Soy comandante del ejército y si quisiera te llevaba de vuelta a tu cuartel para que te arrestaran y te metieran un buen paquete, pero me has caído bien y te voy a dejar ir. Ten cuidado con tu lengua y con lo que dices, porque puedes meter la pata y estar en un lío; además, asegúrate dónde, cuándo y a quién le cuentas tus cosas. —Me quedé tan frío como una barra de hielo y seguramente blanco como un folio de papel cuché, pensando: «¡Tierra, trágame! ¡Seré gilipollas!»—. ¡Bueno, bueno, puedes estar tranquilo! Dime, ¿dónde vives, soldado?

—En la calle Amargura, junto al Hospital Militar —le contesté con voz entrecortada por el canguelo que me había metido en el cuerpo aquel tío.

—¡Venga, vamos, soldado, que te llevo a tu casa!

Desde la calle Trinidad hasta mi casa en la calle Amargura no abrí el pico para nada, pensando en la metedura de pata que me pudo costar un disgusto. Cuando les conté aquella anécdota a Patxicoa y al Pringadera, se hartaron de reír.

En otra de aquellas esporádicas escapadas y en la que también hice autostop, me recogió un tipo joven con un coche deportivo muy moderno de aquellos años; creo que era un Alfa Romeo de dos plazas.

—¡Súbete, soldado, que te llevo para Málaga! ¿Qué? ¿Cómo te va la mili? Hoy de permiso, ¿verdad?

Aquel personaje era muy simpático y dicharachero: al parecer, la vida le estaba tratando muy bien; pero de pronto comenzó a pisar el acelerador y el coche volaba. Yo pensaba que estaba loco y que nos íbamos a estrellar.

—Oiga, ¿no corre usted demasiado?
—¡Qué va, esto no es nada, esto es un paseo! —Yo pensaba: «¡Pues vaya paseo! Este tío me está poniendo los huevos de corbata»—. Además, quiero llegar a tiempo para almorzar con unos amigos y después ver un partido de fútbol del Real Madrid por la televisión —me puntualizó en actitud pasota.
—¿Tiene usted una televisión? —le pregunté con un poco de asombro.
—¡Sí, tengo una! La compré hace unos meses y me va bastante bien, aunque todavía hay muy pocos programas.

Yo no había visto demasiada televisión, pues en España hacía pocos años que se habían establecido y eran tan prohibitivas que no estaban al alcance de la mayoría de los españoles.

El tipo cada vez corría más, tanto que estuve a punto de decirle que me bajaba del coche porque me estaba asustando tanta velocidad. Al final, llegamos a Málaga y me dejó por el centro. Cuando me bajé, le di las gracias y sentí que mi cuerpo se relajaba después de estar en tensión durante los veinte o treinta minutos de aquel trayecto.

En alguna de estas escapadas, saltaba el muro del cuartel con una mochila en la que llevaba ropa de paisano y, una vez fuera del recinto, me cambiaba y guardaba en la mochila la ropa militar porque no me hacía ninguna gracia caminar por todos lados vestido de soldado: ya estaba hasta las narices de la mili y de vestir la ropa de color caqui. Me situaba a un lado de la carretera y comenzaba a hacer autostop y, para que todos los automovilistas que circulaban supieran que era un soldado del campamento Benítez, me colocaba solo la gorra como señal distintiva. Así, de esta guisa, transcurrieron aquellos desastrosos y finales días de esos dieciocho meses de agobio.

Una nueva actividad: el atletismo

Tengo que referirme a mis ratos libres en los que no ejercía ningún trabajo específico: simplemente, por ventura, el furriel no me designaba ningún servicio y, por tanto, a veces estaba leyendo y otras las dedicaba a hacer algún deporte, jugar al fútbol, trotar y correr por las cercanías del campamento. Cuando a veces corría por los alrededores, solía cruzarme con un soldado al que también le gustaba correr, aunque en aquella época era muy raro ver a la gente haciendo actividades de atletismo y menos en la especialidad de carrera; por entonces se decía que el correr era de cobardes y de malos toreros. En mi compañía, todo el mundo sabía que yo practicaba deporte y que me gustaba correr, y, en el resto del cuartel, la mayoría de la gente también me conocía como un tipo deportista: verme correr o jugar al fútbol era cosa habitual; por lo tanto, nadie se asombraba de mi afición.

—¡Oye, Martín! —me dijo un día mi amigo, el cabo primero Patxicoa—. He estado hablando con un alférez que vino por aquí ayer por la tarde y me preguntaba si yo conocía a algún soldado que corriera rápido o al que le gustara el atletismo; yo me acordé de ti, que a veces sales a correr y te tiras un rato dando vueltas al campamento. Me dijo que regresaría hoy por la tarde, de modo que no te despistes y a ver lo que quiere, a lo mejor te interesa.

—¡Bueno, estaré por aquí, Patxicoa! Pero ¿no te dijo nada sobre qué es lo que buscaba en realidad? Lo mismo quieren organizar una carrera alrededor del campamento, como lo del partido de fútbol. ¡Estos están majaras! Pero si dan permiso o me rebajan de servicios durante algún tiempo, pues encantado de la vida: a todo eso me apunto rápidamente. ¿Sabes una cosa, mi primero? Si me dicen de ir al infierno y después, si salgo vivo, me dan una o dos semanas de permiso, me apunto sin pensarlo dos veces.

—Eso ya lo sé, amigo Martín, estás loco por salir de esta mierda, ¿verdad? —sentenció Patxicoa.

—¡Uf, mi primero, estoy hasta los cojones de toda esta estafa!

Toda aquella tarde me la pasé merodeando por la compañía y charlando con el pícaro del Melilla, que también pretendía enterarse para qué ese alférez buscaba a soldados que corrieran o practicaran atletismo. A la caída de la misma, estando yo sentado en los bancos de cemento de la entrada al acuartelamiento junto al Melilla, apareció el cabo primero Patxicoa, que venía acompañado de un hombre joven de unos veintisiete o treinta años, alto y delgado, con su traje de uniforme inconfundible e impecable. Me cuadré.

—¡A la orden, mi alférez! ¡A la orden, mi primero! —saludamos al unísono el caradura del Melilla y yo.

Patxicoa se dirigió a mí y me apuntó:

—Martín, el alférez Alcántara busca a gente que corra y…

—¡Vamos a ver! —En ese preciso momento aquel alférez tomó la palabra—. Usted, cabo, ¿ha participado en alguna prueba de atletismo o corre por afición y para echar un rato?

—Mi alférez, en el instituto sí que corrí algunas pruebas de medio fondo, como los mil quinientos y los cinco mil, y no se me daban nada mal.

—Bueno, tengo vía libre por parte de los jefes para preparar a un equipo de atletismo y entrenarlos y participar en una serie de pruebas a nivel regional, por lo que busco a soldados que tengan experiencia en pruebas de fondo y medio fondo —me aclaró aquel espigado alférez.

—Mi alférez, en el caso de entrar en ese equipo, ¿estaría rebajado de servicio? —le pregunté al militar.

—¡Hombre, por supuesto que sí! No vamos a estar entrenando diariamente para después tener que hacer guardias u otros servicios, ¡estaría bueno! ¡Pues claro que ese equipo estará rebajado de servicio durante todo el tiempo que continúen esas competiciones! Además, yo soy el que va a llevar las riendas de ese grupo.

—Bueno, ¿y qué hay que hacer para empezar a entrenar?

—Estar mañana en el campo de deportes para hacer una prueba y comprobar los tiempos que se marcan, de modo que allí le espero a las diez y media de la mañana.

—¿Y yo no podría ir también, mi alférez? A mí se me da bien el correr —dijo el Melilla.

—Soldado, ¿usted también ha participado en alguna prueba alguna vez? —cuestionó el alférez mirándolo fijamente.

—¡Hombre, yo no he participado en ninguna prueba, pero, como ya le digo, no se me da nada mal esto de correr!

—¡Bueno, pues venga usted también! Y, como les digo, ya veremos los tiempos que hacen en los cinco mil, que es la prueba que mañana vamos a hacer. Ya hay un par de soldados que han superado la marca mínima que he establecido para poder ingresar en el equipo de atletismo.

Una vez que el alférez Alcántara abandonó la segunda compañía, le dije al Melilla:

—Oye, ¿pero de verdad vas a correr para ver si superas esa marca que dice el alférez?

—¡Pues claro! Si tengo suerte, me tiro un tiempo sin hacer ningún servicio, ¡cojones!

A la mañana siguiente y una vez en el campo de deportes, se presentó el alférez Alcántara, que iba acompañado de tres soldados que aparecían con un chándal con símbolos del ejército y unas zapatillas deportivas bastante nuevas.

—¡Buenos días! —se presentó el alférez—. Vamos a cronometrar esos cinco mil y comenzaremos desde aquella esquina del campo de deportes. Rodearéis todo el entorno del campamento Benítez y realizaréis el recorrido habitual —indicó dirigiéndose a los soldados que le acompañaban. Luego, nos señaló a mí y al Melilla—. ¡Ustedes dos correréis junto a ellos!

Cronómetro en mano, el alférez dio la salida y los cinco comenzamos a correr. Yo me había colocado las zapatillas deportivas con las que solía correr y jugar al fútbol en el campamento, calzado que me había regalado mi novia Rafi poco antes de incorporarme a la mili, y el Melilla llevaba unas zapatillas del ejército que eran una porquería; por lo que yo sabía, no daría la marca mínima que exigía el alférez o se retiraría antes de acabar la prueba.

El autor, el primero a la izquierda en la fila de abajo, en el equipo de atletismo del cuartel de Benítez (año 1962)

Durante bastante tiempo, los cinco corredores estuvimos agrupados, pero a los tres kilómetros aproximadamente quedaron descolgados el Melilla y dos de los tres soldados que ya pertenecían a ese equipo de atletismo; así que quedamos en cabeza un soldado y yo. Faltando poco para volver al campamento y terminar el recorrido, el que me acompañaba aceleró adelantándome y entró el primero en una meta imaginaria, que estaba donde se encontraba el alférez Alcántara. A continuación, llegué a la meta en segundo lugar y, a muy pocos segundos del primero, el tercero y el cuarto llegaron a meta bastante rezagados; en último lugar llegó el Melilla, muy tardío. No sé el tiempo que hice recorriendo aquellos cinco mil metros, pero estaría entre los quince y dieciocho minutos, y el alférez Alcántara no nos dijo nada sobre estos ni tampoco le pregunté. Una vez terminada aquella prueba y relajados, nos sentamos con el alférez, que nos estuvo explicando:

—Vamos a ver, el equipo que necesito tiene que estar compuesto de seis corredores y las marcas mínimas de los mil quinientos los cinco mil metros las voy a bajar, porque estoy convencido de que algunos de ustedes las podéis superar después de lo visto. ¡Usted, usted y usted quedan definitivamente integrados en el equipo! —dijo señalándome a mí, al soldado que quedó primero y a otro de los soldados—. ¡Usted y usted, lo siento mucho, pero no cumplen con lo mínimo que yo he establecido! —se dirigió al Melilla y al restante de aquellos tres soldados.

—¡Uf! —bufó el Melilla—. ¡Yo que estaba muy ilusionado por correr en este equipo!

—Bueno, pasado mañana nos reunimos aquí mismo a las diez de la mañana para entrenar en serio. Creo que el equipo estará completado con los seis que pretendo, pues ya he convocado a otros soldados para hacer esta prueba y pasado mañana estaréis los que integren el grupo. —Se dirigió a mí—. ¡Cabo, me llegaré a tu compañía para informar de que estás rebajado de servicios hasta nueva orden!

Nos marchamos y nos fuimos a la segunda compañía y durante el trayecto el Melilla se iba quejando de que el alférez

Alcántara no lo hubiera seleccionado para pertenecer al equipo de atletismo del cuartel de Benítez, con lo ilusionado que estaba.

—¡Coño, Melilla, si has terminado el último en la prueba! ¿Qué quieres, leche?

—¿Es que con la porquería de zapatillas que he corrido cómo voy a hacer una buena marca?

—¡Venga ya, Melilla, tú no corres nada! Yo sabía que ibas a quedar el último, ¿no ves que yo te he visto algunas veces dar alguna carrerilla y de rápido y estilo nada?

A los dos días, me presenté en el campo de deportes: fueron llegando los componentes de aquel equipo de atletismo y, al poco, también llegó el alférez Alcántara; en total, estábamos seis soldados. Uno de aquellos me saludó porque decía que me conocía de haberme visto por el barrio de la Victoria de Málaga, porque él vivía también en ese mismo; después, resultó que era el más rápido de todo aquel grupo. Al poco, comenzamos el entrenamiento guiados por el alférez, que demostró estar en plena forma, ya que era más rápido que ninguno del grupo. Hicimos algunas series de mil metros y calistenia. Una vez que hubo terminado este primer entrenamiento, le pregunté al alférez:

—Mi alférez, ¿por qué no corre usted también en las pruebas que vamos a participar? Usted es más rápido que nosotros.

—¡No, hombre, no! Bastante he corrido ya en muchas decenas de encuentros oficiales por diferentes localidades de España. Ahora me estoy centrando en entrenar a la gente joven. —Después, me reveló que era de Cantabria y que había participado en muchas pruebas; por lo visto, era muy bueno en eso de correr y había ganado muchos trofeos en años anteriores.

A través de los entrenamientos, me di cuenta de que yo no era de los más rápidos del grupo, pues, de los seis corredores, al menos dos de ellos eran claramente más rápidos que yo. Participamos en diferentes competiciones, individuales y por equipos, y en distintas localidades de Andalucía; el grupo siempre quedó entre los tres primeros clasificados. Tengo que decir que cuando corría nunca quedé en primer lugar dentro de ese equipo, sino que siempre quedaba primero el chaval que al parecer era de mi barrio. Permanecí en el equipo de atletismo durante unos tres meses en los cuales estuve rebajado de toda clase de servicios. Lo pasé bastante bien porque tenía libre todo el tiempo del mundo y podía hacer lo que me viniera en gana, pero no podía ausentarme del acuartelamiento excepto cuando podía escurrirme saltando aquellos muros. Pero cuando «viví lo mejor de la mili» fue en los días que pasé perteneciendo a la patrulla de tiro, pues me encontraba como pez en el agua y sin pensar en nada ni en nadie.

Tal vez pueda parecer que, beneficiándome de algunos períodos de tiempo en los cuales me hallaba rebajado de toda clase de servicios, mi paso por la milicia no fuera tan infame; pero, por no poder salir del campamento, comer bazofia, dormir sobre un pobre camastro plagado de chinches, pasarme dos meses malditos en el calabozo y haberme sacado de mi casa y dejar de recibir el salario que cobraba en mi empresa sin compensación alguna, con el añadido escabroso de tener a unos superiores militares inclementes e implacables, ya verán que esa mili no tenía ningún atractivo; por el contrario, fue una mili para olvidar.

Hablando de olvidar, tengo que indicar que durante varios años después de licenciarme estuve padeciendo casi a diario sueños perturbadores sobre mi paso por aquel servicio militar. Más adelante, por providencia, desaparecieron y desde entonces jamás volví a soñar nada sobre mi aciago paso por la mili. Sin embargo, como se verá en este libro, recuerdo con minuciosidad cada detalle de aquella etapa tan disparatada e irracional que marcó parte de mi vida y a mis seres queridos. Ahora, en la lejanía de tantos años transitados, he querido narrar este trozo de mi existencia que tenía guardado en el cajón de mis recuerdos, pero que, al mismo tiempo, conservo tan fresco como en la época en la que lo viví. A pesar de haber sido un pasaje agrio y a veces degradante, ahora me sonrío de cómo soporté inquebrantable y altivo los zarpazos a veces inhumanos de esa mili inútil, intolerante y fanática.

Retazos

Día del Corpus en Granada

Quiero aclarar que muy pocos soldados de la segunda compañía salieron ilesos de la ira y la mala uva del capitán Julián Pontón: la mayoría de mis compañeros, de alguna u otra manera, fueron maltratados y calentados por este individuo por el más pequeño motivo, incluso sin ninguno. Cualquier soldado de nuestra compañía podía ser castigado con dos o tres bofetadas o la prevención (pequeño y corto encierro) y eso era la cosa más natural del mundo, pues era lo habitual. Yo era uno de esos pocos que no había recibido ningún palo del capitán Pontón y, sin embargo, al que sí habían sacudido otros superiores de más baja graduación.

—¡El domingo es día del Corpus y tenemos que marchar a Granada para desfilar! —me gritaba desde lejos Patxicoa—. ¡No veas tú qué mierda! Tenemos que desfilar con todos los arreos y los cascos, que ya verás el calor que te produce en la cabeza. Cuando se acaban esos desfiles, termina uno fatal.

Estuvimos practicando unas horas durante la semana moviendo los mosquetones de varias formas: en «¡Presenten armas!», en «¡Descanso!», «¡Sobre el hombro armas!»; y así varios días, todo para regocijo de la Iglesia y del Ejército español.

Tengo que puntualizar que en el cuartel de Benítez, en ese período de mi servicio militar, o se hacían los servicios de armas o se estaba haciendo instrucción, excepto los que pudieran estar rebajados de servicios porque diariamente realizaran algunos trabajos domésticos. En ese campamento no nos dejaban tranquilos ni un solo minuto: instrucción casi todos los días y siempre inventando algo para tenernos entretenidos y jodernos sin venir a cuento. Otra cosa de las que quiero aclarar es que a veces digo cuartel y otras campamento: en realidad, unas veces lo llamaban cuartel de Benítez y otras veces campamento Benítez; eso daba lo mismo.

Ese domingo, día del Corpus, fuimos desfilando por varias zonas de la ciudad y sudando a chorros, pues aquellos cascos de hierro nos recalentaban las seseras. Cuando llevábamos un buen rato desfilando, comencé a entablar conversación solapadamente con el compañero que desfilaba a mi derecha sobre cuánto calor hacía, cuánto quedaría para terminar y algunos otros aspectos de nuestra vida militar. De pronto, sentí varios golpes sobre mi casco de hierro y, al mismo tiempo, la voz del capitán Pontón, por la parte de mi espalda, que me increpaba y me mandaba a callar. De inmediato, interrumpí la conversación hasta que acabó aquel desfile en Granada.

Con esta pequeña anécdota, quiero reflexionar sobre el porqué fui uno de los pocos que se escapó del castigo físico de mi capitán siendo yo un soldado rebelde, insumiso y contestatario.

La ira del capitán Pontón

No me acuerdo por qué justificación aquel día todas las compañías del Regimiento Aragón 17 fueron convocadas y reunidas en el centro del campamento. La cuestión fue que en ese momento solo había un cabo primero a cargo de nuestra segunda compañía y este nos colocó en el sitio habitual. De inmediato, apareció un teniente que no pertenecía a nuestra compañía y que ordenó que nos ubicáramos en otro lugar porque su compañía tenía que ocupar nuestro sitio. El cabo primero que nos mandaba en ese momento obedeció la orden y nos trasladó a otro.

Algunos altos mandos hicieron unos discursos de los que no recuerdo nada de nada porque no me interesaban. Al poco rato, apareció nuestro capitán Pontón y le preguntó al cabo primero con cara de pocos amigos el porqué la compañía se encontraba en un sitio que no era el habitual y este le contestó:

—¡A la orden, mi capitán! ¡Me lo ha ordenado el teniente Las Heras!

En ese momento, apareció el teniente Las Heras por los callejones que formaban las compañías a lomos de un caballo blanco, como si fuera el Cid Campeador, con todos los correajes y arneses limpios y brillantes, y con unas botas altas y un unifor- me impecable con las mangas remangadas hasta los bíceps y una estampa magnífica. Tengo que decir que el teniente Las Heras era un tipo alto, fuerte y bien parecido, todo lo contrario a nuestro capitán y al teniente Romera. Viendo al teniente, pavoneándose montado en su caballo y dando paseos por entre las formaciones de las distintas compañías, pensé que se la estaba jugando con su actitud, pues mi capitán Pontón no permitía que nada ni nadie manoseara a sus soldados y diera órdenes al personal de la segun- da compañía. Rápidamente, Pontón se acercó a donde estaba el teniente Las Heras y a voz en grito le dijo:

—¡Las Heras, pedazo de cabrón! ¿Por qué has puesto a mi compañía donde te ha salido de los cojones? ¡Bájate de esa mierda de caballo, que te voy a dar dos hostias que te vas a enterar! ¡Será cabrón! ¡Dónde ha puesto a la compañía!

Sin pensarlo dos veces, el teniente dio media vuelta y desapareció del lugar con su caballo, temiendo que cumpliera su amenaza apoyándose en sus galones.

Este incidente nos puede dar una pequeña idea de cómo funcionaba este campamento en aquellos años. Pocos amigos había entre jefes y mandos: un coronel déspota y que no respetaba a nadie, y una serie de jefes que no se respetaban entre ellos y solo toleraban a sus superiores por miedo. Además, los platos rotos los pagaban con la tropa y los pobres soldados.

Cualquiera podía pisotear

Encontrándome un día en la enfermería para que me dieran algún fármaco para curar o suavizar un gran resfriado que había cogido no sé cómo, estaban tratando a un soldado que tenía un gran corte en la cara. Hablando con el chaval, le pregunté cómo se lo había hecho; necesitaba una gran cantidad de puntos de sutura.

—Pues mira, cabo, estábamos pasando revista en formación en la sexta compañía con las armas y todas las guarniciones, y un teniente, que estaba en ese momento a cargo, ordenó que presentásemos armas. Todos lo hicimos con los machetes montados en los fusiles y, de pronto, apareció un cabo primero de mi compañía que iba inspeccionando la formación y, sin esperarlo, me dio un manotazo tan fuerte en el fusil que el machete se me clavó en la cara haciéndome este corte tan grande.

—Y lo habrás denunciado, ¿verdad? Aunque da lo mismo. ¿Y tus padres no van a denunciarlo?

—¿Y para qué voy a denunciar si no me van a hacer ningún caso y a lo mejor la toman conmigo el tiempo que me quede de mili?

En ese preciso momento, hizo acto de presencia el comandante médico del campamento. Este hombre tenía fama de muy buena persona y un militar íntegro que no estaba nada de acuerdo con los métodos y la forma de tratar a la tropa por el coronel y muchos de los jefes. Mientras le estaban aplicando los puntos de sutura, el soldado le explicaba al comandante médico quién y cómo le habían hecho aquel gran corte. Desde un rincón de la enfermería, yo estaba atento a las explicaciones de aquel soldado y a las preguntas del militar médico.

Días más tarde, me enteré de que al cabo primero que le produjo aquello al soldado de la sexta compañía lo habían destinado a un acuartelamiento de África y de que el comandante médico había hecho un informe negativo contra aquel individuo y, por eso, lo mandaron lejos de la Península como castigo.

Una jura de bandera para olvidar

No recuerdo cuándo fue mi jura de bandera porque no me interesaba, pero según creo la hice cuando llevaba dos o tres meses en el cuartel desde que me reclutaron a la fuerza y dejé a mi familia sin ningún ingreso para subsistir. Ese día a la jura de bandera asistieron mi madre y mi novia. Se celebró al mediodía y a mí ese acto ni fu ni fa. Una vez terminada la jura, les dije que se marcharan porque no merecía la pena estar dando vueltas por el cuartel por más tiempo; en cambio, otras personas que también estaban de visita para ver la jura se quedaron para almorzar con su familiar y con el resto de los soldados invitados por el coronel del campamento.

Como es de suponer, ese día la comida fue totalmente distinta a lo habitual, pues había que dar la sensación de que allí se comía bastante bien y que los soldados del cuartel de Benítez estaban muy bien alimentados. ¡Por los cojones! Aquel día fue el primero en el que en mi plato habían depositado algo de carne: nos pusieron un caldo de pollo con verduras bastante bien cocinado y con grandes trozos de pollo que nunca habíamos probado desde que estábamos en ese campamento; de segundo plato, unos trozos de carne de ternera con tomate que no estaban nada mal; de postre, nos dieron flan y plátano, por lo que la gente que estaba de visita y nosotros mismos comimos como Dios manda. Pero claro, nosotros sabíamos que todo aquello era mentira porque los demás días otra vez volveríamos a aquella porquería de comida y supongo que todos aquellos soldados tendrían bien informados a sus familiares de que aquella comida era una excepción. Una vez que familiares y soldados habíamos comido, los visitantes se marcharon y el campamento Benítez volvió a la normalidad.

Puede ser que alguien que lea este libro ponga en duda lo que relato sobre la deplorable comida y nutrición de ese campamento Benítez, pero si hoy en 2020 hay muchas quejas sobre las comidas de los militares, ya os podéis imaginar en aquellos años de posguerra y de hambruna. ¿Qué era lo que comíamos? «Militares españoles se quejan a Alberto Chicote de la pobre comida del Ejército Español», «Alberto Chicote destapa las vergüenzas del Ejército español».

Al día siguiente de la jura de bandera, decenas de soldados amanecieron con graves e importantes problemas gastrointestinales debido al «banquete» del día anterior y, según me informé más tarde, algunos de los familiares también sufrieron los efectos de esa comida. Los jefes y superiores militares, y el cuerpo médico resolvieron poner en cuarentena a todo el cuartel de Benítez mientras no averiguaran qué era lo que había causado aquella calamidad. Se dio un mandato riguroso de que todos los soldados que tuvieran algún síntoma o no de padecer aquella intoxicación permanecieran acostados en sus literas hasta nueva orden. Unos soldados, que hacían las veces de sanitarios, comenzaron a distribuir unas pastillas enormes que, se suponía, eran el remedio para aquella contaminación. Es muy curioso que durante todo el servicio militar no enfermáramos con la pobre y mala comida que nos daban y, sin embargo, el día en el que nos dieron algo mejor nos intoxicaran.

Muchos de aquellos soldados sufrieron fuertes diarreas e intensas fiebres y un chaval, al parecer, falleció a causa de aquella comida. En lo que a mí respecta, no padecí ninguna dolencia: puede ser que mi estómago se hubiera vuelto inmune a cualquier comida que le echaran. A los pocos días, se levantó la cuarentena y todo volvió a la normalidad, pero nunca se averiguó cómo había ocurrido aquello ni quiénes habían sido los responsables de ese lamentable suceso.

Falta de higiene y limpieza en la compañía

Una madrugada me desperté a causa de un picor en el pómulo derecho: algún bicho me había aguijoneado el rostro; me toqué la zona y tenía un pequeño bulto. Volví a dormirme y por la mañana comprobé que aquella hinchazón iba aumentando. A los pocos días, mi pómulo estaba muy rojizo, hinchado, dolorido y con muy mala pinta. Me acerqué a la enfermería para ver qué se podía hacer para curar mi pómulo. Cuando entré, allí se encontraba el comandante médico, que le echó un vistazo a aquella enorme roncha y, mientras ojeaba mi pómulo, estuvimos charlando no recuerdo sobré qué. Resultó que el comandante médico me dijo que vivía en calle Victoria, en Málaga, a lo cual le dije que yo vivía casi al lado, pues mi calle estaba en su mismo barrio y a unos cien metros de la suya.

—Mire, cabo, este furúnculo te lo ha producido la picadura de una chinche. Si de aquí a un par de días no se te ha reventado, te vienes para acá a que te lo extirpe, de modo que lo que puedes hacer es ponerte unos paños calientes para ver si se te revienta por sí solo y así no tengo que sajarlo.

Puse en movimiento las recomendaciones del comandante médico y me estuve poniendo paños húmedos y muy calientes de continuo. Efectivamente, a los dos días aquel grano reventó. Me dirigí a la enfermería para que me sanearan el furúnculo y a los pocos días mi cara estaba nueva.

Sí, aquella picadura había sido ocasionada por una de las cientos o miles de chinches que transitaban por los barrotes de hierro de nuestros camastros y, como otras tantas veces a lo largo de mi maldito servicio militar, me puse a desinfectar mi litera acompañado por mi compañero de la cama de abajo. Entre los dos elevábamos el camastro por uno de los lados y lo dejábamos caer de golpe contra el suelo: las chinches caían a decenas. Una vez que golpeábamos la cama contra el suelo repetidas veces, comenzábamos a pisotear las chinches en una faena asquerosa, pues, al terminar de aplastarlas a todas, aquel suelo quedaba manchado por la sangre que soltaban esos repulsivos bichos; más tarde, teníamos que fregar el suelo con lejía y muy a fondo, a veces con agua fuerte. Esto que narro aquí es la pura realidad y no una ficción. Nunca vino nadie a desinfectar aquella compañía: éramos nosotros los que teníamos que hacer esa labor si queríamos dormir medio tranquilos.

Una carta reveladora

Aquí narro fielmente una de las muchas cartas que mi novia Rafi me escribía y que aún conservo. Expone parte de las condiciones en las que vivíamos en el campamento Benítez de Málaga en aquellos penosos años:

Luis, tú no sabes la alegría tan grande que he tenido al recibir tu carta porque no sabes lo intranquila que me has tenido. Yo creí que te habían castigado por haber perdido el papel con el que tenías que presentarte, pero veo que no ha sido por eso. También suponía que podías estar enfermo, pero, en fin, es todo lo contrario de lo que yo he pensado. Mejor que sea así, pues tú no puedes imaginar: el domingo todo me lo pasé pensando en ti, me acordaba a cada minuto. Entonces, pensé que lo mejor era acostarse y así, cuando despertara, ya habría terminado la tarde antes.

Al otro día de tú marcharte me enteré de que te habían llevado al hospital militar y luego ya al campamento. Procura despertarte pronto para que no tengan que arrestarte y pórtate todo lo mejor que puedas para que nunca te tomen antipatía. Dime si pasas mucha hambre, porque ¿te acuerdas que me prometiste decírmelo todo? El domingo pienso de ir a verte: iré de cuatro a cuatro y media y quiero que tú estés por allí, aunque no sé si sigues en el calabozo porque de otra forma no te voy a encontrar. Lo que me contaste del trono, ¿no podrías salirte de no llevarlo? Porque, después de que te ponen tan mal de comer, todo el día con tanto peso encima eso no puede ser. Tú no sabes lo que me acuerdo de ti cuando son las ocho y veinte, porque a esa hora siempre estaba asomada a la ventana a ver si te veía; pero en fin, creo que todo esto pasará pronto.

El lunes, cuando fui a trabajar, Pepita me dijo que te había visto y que estabas pelado al cero y con un mono muy ancho; pero yo, a pesar del mono ancho y tu pelado, tengo muchas ganas de verte porque así y todo a mí me resultas el mejor del mundo…

En esta carta, mi novia Rafi hace referencia a aquellos meses de mi castigo en el calabozo, también al período en el que llevé el trono del Mutilado, a la mala comida que nos daban y a lo mal que nos trataban en ese campamento Benítez. Mi novia, en esta carta, hace alusión a que me habían llevado al hospital militar, pero la verdad es que yo no recuerdo nada sobre ese asunto.

Una gran mentira

Faltando aproximadamente un mes y medio para licenciarme, recibí otra carta de mi novia en la que me decía que en la empresa en la que yo trabajaba esperaban que me licenciara pronto porque estaban renovando maquinaria y querían que me ocupara de alguna de aquellas de última generación; tengo que añadir que mi novia también trabajaba en la misma. Explico todo esto porque me presenté al sargento encargado de la huerta, aquel que me dijo que no encontraría trabajo, pues mi cartilla militar estaba «manchada» por haber estado castigado en el calabozo, y le mostré la carta diciéndole con ironía:

—Mi sargento, ¿no me decía usted que cuando me licenciara no encontraría trabajo por haber estado en el calabozo? Pues mire, antes de salir ya me están reclamando para trabajar. ¡Ya le dije a usted que está un poco caduco! ¿Y sabe usted lo que le digo? ¡Que la mili, para algunas personas, es una pérdida de tiempo y, para otros, una lacra y una ruina!

Este sargento hortelano y chusquero (no había pasado por una academia militar), que era un analfabeto, no supo que contestar ante una realidad de la que él tenía muy poco conocimiento. Solo dijo:

—Bueno, pues que te vaya bien, cabo. ¿Y para eso me has enseñado esa carta?

—¡No, mi sargento, para decirle que usted y algunos militares no viven en este mundo!

—¡A ver si tienes más respeto, cabo! —soltó aquel sargento.

—¡A la orden, mi sargento! —me despedí, di media vuelta y me marché para no verlo nunca jamás.

Reflexionando sobre todo aquello, llegué a la conclusión de que este sargento era un pobre hombre porque solo sabía cuidar de la huerta, gozando de unos galones que no le servían para nada. También pensaba en mi amigo, el cabo primero Patxicoa, pues yo consideraba que también era un pobre hombre: estaba en el ejército amargado y con un porvenir incierto. Dos militares que estaban en el ejército de rebote y a los que les importaba la milicia una mierda. A estos se los llamaba reenganchados, pues eran los soldados que pretendían permanecer en la institución castrense tras haber cumplido su servicio militar y así buscarse las habichuelas de por vida; por lo tanto, la mayoría no tenían ninguna formación ni habían pasado por academias militares. En el caso de mi amigo Patxicoa, nunca comprendí la razón de por qué continuaba en el Ejército si él no tenía ninguna vocación militar y siempre estaba amargado; además, había sido sargento y lo habían degradado, de modo que no sé el motivo de por qué seguía allí.

Al fin, me licencié y salí de ese cuartel como si me persiguiera el diablo, sin volver la vista atrás. Me entregaron una cartilla de color verde en la que, en una de sus hojas, se exponía: «Arrestado a dos meses de calabozo en tal y tal fecha (ya no la acuerdo) por desobediencia»; sellado y firmado por el coronel del campamento Benítez. Para rematar, tuve que presentarme durante varios años obligatoriamente, si no recuerdo mal, en el cuartel de Capuchinos de Málaga para timbrar aquella cartilla que no me sirvió y que al tiempo tiré a la basura, porque no quería conservar nada sobre aquella infame etapa de mi vida.

Todas las situaciones, relatos, objetos, módulos y personajes de este libro son reales: solo he alterado los nombres de diversos protagonistas para no herir la «sensibilidad» de algunas personas.

www.ingramcontent.com/pod-product-compliance
Lightning Source LLC
LaVergne TN
LVHW041457170726
843492LV00005B/1266